D0933979

L'Orchestre de Paris

© Éditions du patrimoine, Centre des monuments nationaux, Paris, 2007
ISBN : 978-2-85822-949-9

Sous la direction de
CÉCILE REYNAUD

avec la collaboration de
D. KERN HOLOMAN
ET CATHERINE MASSIP

L'Orchestre de Paris

DE LA SOCIÉTÉ DES CONCERTS DU CONSERVATOIRE

À L'ORCHESTRE DE PARIS

1828 - 2008

ÉDITIONS DU PATRIMOINE

CENTRE DES MONUMENTS NATIONAUX

Remerciements

Nous tenons à exprimer notre reconnaissance à tous ceux qui nous ont apporté leur aide au sein de l'Orchestre de Paris : Mesdames Florence Alibert, Céline Benezeth, Annick Boccon-Gibod, Cécile Choblet, Mathilde Le Roy ; Messieurs Fabrice Chollet, Frédéric Désaphi, Georges-François Hirsch, Alain Loiseau. Nous remercions également Eurogroup et son président Monsieur Francis Rousseau ainsi que tous les membres particuliers et entreprises du Cercle de l'Orchestre de Paris.

Tous nos remerciements vont également à nos collègues de la Bibliothèque nationale de France : Mesdames Annick Arzul, Annie Cornilus, Katerina Leguay, Catherine Vallet-Collot ; Messieurs Yvan Kusevic et Pascal Cordereix. Nous remercions Madame Clodi Dalle-Grave, du Conservatoire national supérieur d'art dramatique, pour son accueil et ses conseils, ainsi que Madame Chantal Spillemaecker et Monsieur Antoine Troncy, du musée Hector-Berlioz de La Côte-Saint-André.

Nous exprimons en particulier notre gratitude à Mesdames Christine Jolivet et Yvonne Loriod-Messiaen pour avoir autorisé la reproduction de plusieurs documents.

Que soient également remerciés pour leur concours Messieurs Peter Bloom, Albrecht Burkardt, Joël-Marie Fauquet, Jean-Pierre Reynaud.

Les Éditions du patrimoine remercient les éditions de l'université de Californie de leur avoir accordé l'autorisation de reproduire des extraits de l'ouvrage de D. Kern Holoman : The Société des concerts du Conservatoire, 1828-1967, *Berkeley, Los Angeles, Londres, University of California Press, 2004.*

Avant-propos

Après une année 2006 placée sous le signe de l'installation de l'Orchestre de Paris en résidence à la salle Pleyel, lui permettant d'attendre sereinement l'inauguration du nouvel auditorium de la Philharmonie de Paris, prévue pour 2012, les années 2007 et 2008 marquent deux importantes célébrations. Tout d'abord, en 2007, le 40e anniversaire de la fondation de l'Orchestre de Paris qui précède de peu, en 2008, les cent quatre-vingts ans de la Société des concerts du Conservatoire.

En effet, l'Orchestre de Paris s'inscrit dans une filiation patrimoniale forte avec la Société des concerts, fondée en 1828 à l'initiative du violoniste et chef d'orchestre François Antoine Habeneck. Cet héritage fait de lui l'une des plus anciennes formations symphoniques d'Europe. Quand il fut question, entre 1962 et 1967, de créer un grand orchestre symphonique français, subventionné par l'État et la Ville de Paris, et non plus rémunéré sur les bénéfices des concerts, c'est aux ressources artistiques et humaines de la Société des concerts du Conservatoire que l'on fit naturellement appel. Une grande partie des musiciens qui composaient l'ancienne phalange, à laquelle vinrent s'ajouter de nouveaux talents sélectionnés par Charles Münch, forma le noyau de ce nouvel orchestre. Lui fut assignée la « mission de donner des concerts à Paris, dans la région parisienne et sur l'ensemble du territoire national, et de faire rayonner le prestige musical de Paris et du pays dans les pays étrangers ».

La continuité artistique qui s'établit dès les débuts ne s'est jamais démentie dans l'histoire de l'Orchestre de Paris, qui porte d'ailleurs toujours le nom, dans ses statuts, de Société des concerts du Conservatoire. Cette continuité contribue à l'établissement de ce que l'on appelle le répertoire d'un orchestre, fruit d'une tradition et d'un apprentissage : la Société des concerts avait fait de l'œuvre de Beethoven, puis des grands symphonistes allemands du XIXe siècle, le centre de sa programmation. Beethoven, Mendelssohn, Schumann, Brahms, plus tard Mahler et Bruckner furent et sont toujours aujourd'hui régulièrement donnés par l'Orchestre de Paris, comme le montrent les programmes les plus récents. La Société s'était également fait un devoir de créer des œuvres nouvelles, françaises ou étrangères. Dès 1828, elle permettait au public parisien de découvrir les œuvres de Beethoven. Au siècle suivant, la Société donne en premières auditions parisiennes des œuvres d'Honegger (la *Symphonie pour cordes* en 1942) ou de Milhaud (le *Concerto pour violon* en 1948). L'Orchestre de Paris ne renie pas cet héritage. La liste de ses créations – françaises, mais aussi mondiales – est longue, depuis Olivier Messiaen dès 1969 (*La Transfiguration de Notre-Seigneur Jésus-Christ*) jusqu'à Luciano Berio, en 2004, Matthias Pintscher en 2006, ou Marco Stroppa, en 2007.

Le rôle pédagogique assumé par la Société dès ses débuts, en se plaçant dans le sein du Conservatoire de Paris, se poursuit. En témoignent les nombreux concerts pédagogiques donnés par l'Orchestre de Paris ou la création, plus récente, d'une Académie de l'Orchestre, permettant aux jeunes lauréats du Conservatoire national supérieur de musique et de danse de Paris et du Conservatoire national de Région de Paris de venir se produire et se former dans les rangs de l'orchestre, sous la direction des plus grands chefs. Enfin, le rayonnement international affirmé au cours de grandes tournées dès les premières décennies du XXe siècle demeure une part intrinsèque de la mission de l'orchestre.

Parmi d'autres manifestations, nous avons souhaité marquer ce 40e anniversaire par l'écrit et l'image, signes tangibles de l'enracinement de l'Orchestre de Paris dans l'histoire musicale de l'Europe. Dès lors, le Centre des monuments nationaux devait en être, avec les Éditions du patrimoine, le partenaire naturel. Il a formé avec les auteurs, Cécile Reynaud, Catherine Massip et D. Kern Holoman, une équipe passionnée et passionnante. Que tous en soient ici chaleureusement remerciés.

Georges-François HIRSCH et Pierre JOXE

Préface

Le Louvre de la musique

Quels temps furent plus maussades, avant de tourner à l'horrible, que ces derniers mois de 1939? Nous vivions, disait-on, une « drôle de guerre », pressentant plus ou moins le pire. Où trouver qui admirer, qui respecter? Entraînés par l'un de nous, qui « savait », nous avions pris d'assaut quelques banquettes à l'extrême gauche de la galerie de la petite salle du Conservatoire. De là, nous disait-on, vous le verrez de face… Parut l'homme, mince, frêle, jeune encore, le front agité de mèches claires, regard flamboyant – bleu. Parsifal? D'emblée, il s'est emparé de l'orchestre, et de nous.

Charles Münch le dionysiaque dirigeait-il ce samedi matin de novembre 1939 la répétition de *Bacchus et Ariane*, d'Albert Roussel, de la *Première Symphonie* de Georges Bizet (qu'il fut le premier à diriger…), du *Daphnis et Chloé* de Maurice Ravel, de *La Danse des morts* d'Arthur Honegger que récitait à ses côtés son « double » brun, Jean-Louis Barrault, ou encore les *Variations symphoniques* de César Franck, Nicole Henriot au piano? Le fait est qu'entre la musique et les adolescents que nous étions, en quête du Graal, un lien nouveau était créé par ce fascinateur généreux, un lien que sa disparition, trente ans plus tard, et dût l'orchestre animé puis recréé par lui avoir changé d'appellation, n'a pas rompu.

Dire ce qu'était Charles Münch, son pouvoir, sa flamme, ce qu'il avait à la fois de donné et de dominateur, seul un vrai musicien en est capable. Tel Wilhelm Kempff qui disait avoir éprouvé, jouant sous sa direction, « une joie olympique ». Tel le grand hautboïste Maurice Bourgue, choisi par lui pour entrer dans l'orchestre dit « de Paris » qui allait prendre la succession de celui du Conservatoire :

« Travailler avec Charles Münch a été un rêve. Nous étions de jeunes musiciens en présence d'un Titan qui nous donnait envie de livrer le meilleur de nous-mêmes. Son expérience et sa conduite forçaient l'admiration. »

Car non content d'avoir donné tout son éclat à l'ancienne phalange, Charles Münch est celui qui, en 1967, bientôt octogénaire, fut le sélectionneur minutieux de l'ensemble qui, modelé par ses soins, devenait l'Orchestre de Paris – à la tête duquel il allait achever sa vie au cours d'une tournée triomphale aux États-Unis.

Le « Louvre de la musique » : ainsi parlait-on, sous le Second Empire, de la Société des concerts du Conservatoire. À vrai dire, les deux institutions différaient moins qu'il n'y paraît, dût la seconde être d'apparence moins imposante que la première. Le Louvre ne prend vraiment figure qu'à la fin de l'Empire, sous l'impulsion de Vivant Denon. La Société des concerts est créée dix ou douze ans plus tard, en 1828, négligeant, elle, de faire appel, pour l'animer, à Hector Berlioz, quand l'épanouissement du Louvre doit tant à Champollion. Le génie serait-il moins encombrant dans le monde des formes que dans celui des sons?

Dans les deux cas, on voit un grand organisme culturel français se vouer à l'exaltation d'une culture étrangère, la Renaissance italienne autour de Vinci, la symphonie allemande avec Beethoven, parce qu'elles sont d'incomparables inspiratrices. S'agissant de la Société des concerts, il est peu de dire qu'elle fut, près d'un siècle durant, vouée à l'exaltation du génie beethovénien, à laquelle Berlioz, tout exclu qu'il fût, prit une part très active. Il raconte dans le chapitre XX de ses *Mémoires* comment, à l'issue de la première exécution de la *Symphonie en ut mineur*, il rencontre le maître de la chapelle royale, Lesueur, alors illustre. « Il était très rouge et marchait à grands pas. […] "Ouf! je sors, j'ai besoin d'air! C'est inouï! c'est merveilleux! cela m'a tellement ému, troublé, bouleversé qu'en sortant de ma loge et voulant remettre mon chapeau, j'ai cru que je ne pourrais plus retrouver ma tête […]" Je triomphais. Mais le lendemain [il me dit] avec un singulier sourire : "C'est égal, il ne faut pas faire de la musique comme celle-là." »

On en fit d'autres, de Wagner à Ravel, de Brahms à Fauré, à Dukas, à Florent Schmitt, à Falla, à Milhaud, à Bartók, à Messiaen, et l'orchestre de la Société des concerts, sous la baguette d'André Messager, de Philippe Gaubert et bien sûr de Charles Münch, les joua, en Allemagne, aux États-Unis, en Suisse, au Canada, assumant sa responsabilité de l'ensemble français de référence.

C'est en 1967, à l'initiative du ministère de la Culture – dont le titulaire est alors André Malraux et le directeur de la Musique Marcel Landowski –, que l'orchestre de la Société des concerts du Conservatoire se mua en Orchestre de Paris, assumant plus clairement le rôle de pilote de la vie musicale en France, sous l'égide retrouvée de Charles Münch – qui devait disparaître quelques mois plus tard.

Ce qu'est devenu en quarante ans cet ensemble à la vie duquel nous sommes, quelques-uns, heureux d'être discrètement associés aux côtés de Pierre Joxe et de Georges-François Hirsch, ce livre le dit hautement, par le truchement des meilleurs spécialistes et historiens. Pardonnera-t-on à un profane (et qui chante faux) de hasarder à son propos quelques notations, quelques impressions ?

Celle-ci, d'abord, que cet orchestre né d'un « musée » et d'un conservatoire, s'est hardiment ouvert à la musique la plus neuve, la plus hardie ; le Beethoven de l'« Héroïque », puis le Debussy de *La Mer* effrayaient les abonnés de la Société des concerts ? Berio, Stockhausen et Boulez sont familiers à ceux de l'Orchestre de Paris, surtout depuis que Daniel Barenboïm en assuma, plus de dix ans durant, les responsabilités, assurant en 1987 à André Tubeuf :

« Le pacte de confiance avec le public existe, et cela prouve ses progrès dans l'ouverture d'esprit, la curiosité. […] Notre orchestre et notre public sont sans doute aujourd'hui les seuls au monde à connaître la différence stylistique qui existe entre Dutilleux et Lutoslawski, comme entre Boulez et Stockhausen. »

Cela encore : que la musique vocale, longtemps tenue à l'écart, a pris une place marquée notamment par la magnifique *Damnation de Faust* dirigée en 1989 par Daniel Barenboïm, avec, en Marguerite, Waltraud Meier, qui fut une Marguerite égale à sa Kundry. Comptent pour beaucoup dans ce domaine les progrès saisissants faits par le chœur sous l'impulsion de la grande Laurence Equilbey.

Dans une programmation si riche, si équilibrée, entre Scandinaves et Brésiliens, Russes, Espagnols, Germaniques, nous étions quelques-uns à déplorer que la musique italienne fût si peu, si rarement présente en cette farandole. Fallait-il rappeler qu'avant Luciano Berio, quelques musiques nous étaient venues d'au-delà des Alpes, à en croire Henri Beyle, dit Stendhal ? Devions-nous cette absence au fait que la plupart des chefs, directeurs de la musique ou invités, étaient plutôt germaniques, ou slaves ? Puis vint cette soirée, pour beaucoup d'entre nous mémorable, où Christoph Eschenbach osa diriger le *Requiem* de Verdi, de façon telle – lumière, rythme, ferveur, tandis que planait la grande voix de lumière de June Anderson – que l'on se serait cru, plutôt qu'à la salle Pleyel, en quelque église de Romagne ou de Vénétie.

Il n'est jamais mauvais de rappeler que la musique se rit des frontières et des origines.

Jean LACOUTURE

Première Partie.

Statuts de la Société des Concerts.

Chapitre 1.
Formation de la Société.

Article 1.

Une association est établie par le présent acte entre tous les comparants et les artistes qui seraient admis ultérieurement dans la dite association après avoir adhéré aux présents statuts.

Article 2.

Cette association a pour objet de donner des concerts publics, elle sera désignée, comme par le passé, sous le titre de <u>Société des Concerts</u>.

Article 3.

Aucun artiste ne pourra faire partie de la société, s'il n'a appartenu ou s'il n'appartient au <u>Conservatoire</u> ou à l'École Royale de Musique, soit comme Professeur, soit comme Élève.

En cas de nécessité urgente, il pourra être dérogé à cette disposition.

Article 4.

Les Élèves des Classes du Conservatoire désignés, ainsi qu'il sera prescrit par l'Article seize, pour participer à l'exécution des Concerts, prennent le titre d'aspirants.

Desboyer, dit Henry Achille, demeurant à Paris, Rue de la Boule rouge N.° 11.

Guion, Jacques, Jean Baptiste, demeurant à Paris rue neuve Coquenard N.° 11.

Montsumon, Gaston dit Goyon demeurant à Paris Rue des Martyrs N.° 18.

Doutreleau, Louis Denis, demeurant à Montmartre Rue Neuve Pigale N.° 5. bis.

Périvier, Prosper, Résidant actuellement à Milan (Italie) et représenté par M.ᵉ Desbayer d.ᵗ henri surnommé lequel le M. porte tout des sieurs Dirigé

Martin, Nicolas, demeurant à Paris Rue des Martyrs N.° 35.

Alizard, Adolphe Joseph, demeurant à Paris rue de Provence N.° 3.

Tous les susnommés Artistes Musiciens

Les Quels ont Exposé

Que, des

Ils ont fondé

Artistes dont le talent a été formé au Conserva=toire de Musique, dans le but de donner des Concerts publics et désignés Jusqu'à ce Jour sous le titre de Société des Concerts;

Qu'ils ont en outre, fondé une Caisse de Prévoyance en faveur des Membres Composant la S.ᵈᵉ Société des Concerts;

Que, Jusqu'à ce Jour, cette Double et Commune Association a été régie par des Régle=ments Arrêtés d'accord entr'eux;

Que, désirant Aujourd'hui Constituer leur Association d'une manière Régulière, ils en arrêtent les Bases et Statuts de la Manière suivante:

Procès-verbal de l'assemblée générale des membres de la Société des concerts de l'École royale de musique, 4 mars 1828. Manuscrit. (Paris, BNF, Musique.)

Histoire de l'institution

Le dimanche 9 mars 1828, dans la salle des concerts du Conservatoire, un orchestre récemment fondé, à la principale initiative de François Antoine Habeneck, son premier chef, donne la *Symphonie héroïque* de Ludwig van Beethoven. La Société des concerts du Conservatoire est née et jusqu'au 21 juin 1967 – date à laquelle elle est dissoute et refondée, sur d'autres principes, en « Orchestre de Paris », elle continuera d'assurer dans la vie musicale parisienne le rôle essentiel de divulguer le répertoire symphonique nouveau, la plupart du temps entendu à Paris en première audition grâce à elle, et d'assurer la continuité de l'ancien.

Pour l'heure, c'est essentiellement le répertoire nouveau qui est à l'ordre du jour : faire connaître l'œuvre de Beethoven (qui est mort en 1827) au public parisien est en effet l'un des points principaux du programme artistique du nouvel ensemble symphonique.

Habeneck avait déjà organisé à l'Opéra, où il était chef d'orchestre, des « concerts spirituels » lors desquels il s'était efforcé de faire entendre des partitions de Beethoven – en particulier l'andante de la *Septième Symphonie*. Le compositeur et théoricien Antoine Elwart raconte dans son *Histoire de la Société des concerts du Conservatoire impérial de musique* que, devant le peu de succès rencontré, Habeneck, en novembre 1826, aurait convié chez lui un orchestre improvisé des meilleurs musiciens de son entourage pour exécuter la *Symphonie héroïque*. Les musiciens, séduits par la complexité et la nouveauté de cette musique, se seraient réunis plusieurs fois pour la jouer jusqu'à ce que, en 1827, l'idée de fonder un orchestre dans le cadre du Conservatoire, pour continuer cette expérience dans des conditions plus stables, se fasse jour. Habeneck demanda alors l'autorisation de donner quelques concerts dans la salle du Conservatoire. Le directeur, Luigi Cherubini, regarda avec bienveillance cette initiative : la fondation de cet orchestre allait permettre de redonner vie aux exercices des élèves qui auraient dorénavant le devoir de participer aux concerts pendant leur formation musicale.

La fondation de la Société des concerts se fait dès lors assez rapidement. Cherubini sollicite du directeur des Beaux-Arts, le vicomte Sosthène de La Rochefoucauld, la possibilité d'attribuer la salle de concerts du Conservatoire au futur orchestre : la Société ne devra pas payer de location, mais en revanche elle subviendra

Société des concerts
du Conservatoire.
Programme
du 1er concert,
9 mars 1828.
Manuscrit.
(Paris, BNF, Musique.)

DOUBLE PAGE PRÉCÉDENTE
Statuts de la Société
des concerts
du Conservatoire,
31 décembre 1841.
Manuscrit.
(Paris, BNF, Musique.)

aux frais liés à l'organisation des concerts – éclairage, chauffage, service, impressions des affiches et des programmes. Le Ministère accorde à la Société une allocation de 2 000 francs.

Les textes qui établissent la Société des concerts du Conservatoire en montrent le caractère novateur et démocratique. La présence, parmi ses fondateurs, de personnalités profondément marquées par le mouvement saint-simonien, comme le violoncelliste Dominique Tajan-Rogé, peut en partie l'expliquer. Les instrumentistes de l'orchestre (qui fonctionne sur le modèle d'une association) prennent directement part à son administration : ils constituent l'assemblée générale, qui élit le comité de direction. Un arrêté ministériel du 15 février 1828 indique en neuf articles les principaux droits et devoirs de la Société. Celle-ci organisera six concerts par an (ce nombre augmentera avec le temps) : le premier de chaque saison aura lieu au plus tard le premier dimanche de mars, et les concerts ne seront pas espacés de plus de quinze jours. Seuls les anciens et les nouveaux élèves du Conservatoire, ainsi qu'occasionnellement les professeurs (pour « donner une bonne impulsion »), seront admis à participer : les élèves en cours de formation au Conservatoire ont d'ailleurs au début l'obligation de le faire sans rémunération, tandis que les anciens se voient verser une indemnité en fonction du nombre de répétitions et d'exécutions. L'arrêté ministériel, définissant ainsi les gains futurs de la Société, fixe également le prix des places entre 2 (à l'amphithéâtre des troisièmes loges) et 5 francs (aux premières loges) ; une place coûte 3 francs au parterre, 4 francs à la galerie, aux deuxièmes loges et au rez-de-chaussée. Enfin, des entrées gratuites sont attribuées à plusieurs personnalités : les membres du comité d'administration et de l'enseignement de l'École royale[1] ; les professeurs titulaires et honoraires ; les inspecteurs du département des Beaux-Arts ; les directeurs de l'Institution royale de musique religieuse, de l'Académie royale de musique, du Théâtre royal de l'Opéra-Comique, du Théâtre italien et de l'Odéon. Les professeurs adjoints, quant à eux, « jouiront de leurs entrées aux deuxièmes loges et au rez-de-chaussée ».

Une deuxième étape est franchie dans l'histoire de la fondation de la Société quand, au lendemain de la signature de cet arrêté, un groupe de soixante anciens élèves (le noyau constitutif du futur orchestre) s'engage à concourir aux concerts ainsi organisés. Le 4 mars 1828, le comité provisoire[2] de l'association convoque en assemblée générale ce groupe d'anciens élèves : le règlement de la Société, qui précise point par point les lignes d'action seulement esquissées par l'arrêté ministériel, peut alors être voté.

ÉCOLE ROYALE
De Musique et de Déclamation Lyrique.

2ᵐᵉ. CONCERT
CONSACRÉ A LA MÉMOIRE DE V. BEETHOVEN,
MORT LE 26 MARS 1827 ;
Le Dimanche 23 Mars 1828.

Programme.

Nota. Tous les morceaux qui seront exécutés sont des productions de ce Compositeur célèbre.

PREMIÈRE PARTIE.

1°. Symphonie héroïque (*généralement redemandée*).
2°. *Benedictus* avec chœurs et récits chantés par Mᵐᵉ. Cinti-Damoreau, Mˡˡᵉ. Nélia-Maillard, et Mᵣˢ. Alexis Dupont et Levasseur.
3°. Premier morceau de concerto de piano en *ut mineur*, exécuté par Mᵐᵉ. Brod.
4°. Quatuor de l'opéra de *Fidelio*, chanté par Mᵐᵉ. Cinti-Damoreau, Mˡˡᵉ. Nélia-Maillard, et MM. Alexis-Dupont et Levasseur.
5°. Concerto de violon, exécuté par M. Baillot (*Ce concerto n'a jamais été entendu à Paris*).

DEUXIÈME PARTIE.

6°. Le Christ au Mont des Olives (Oratorio avec chœurs). Les parties récitantes seront chantées par Mᵐᵉ. Cinti-Damoreau, et MM. Adolphe Nourrit et Levasseur.

L'orchestre sera dirigé par M. Habeneck.

Vᵉ. Ballard, Imprimeur, rue J.-J. Rousseau, Nº. 8.

---

1. L'intitulé de « Conservatoire » ne sera officiellement restauré qu'en 1831.
2. Comité provisoire composé, selon Elwart, de Habeneck ; Cherubini ; Joseph Guillou, flûtiste ; Louis François Dauprat, corniste ; Henri Brod, hautboïste ; Fromental Halévy, compositeur et professeur d'harmonie ; Kuhn, répétiteur de chant ; Joseph Meifred, corniste ; Amédée, altiste ; Albert Bonnet, basse du chœur ; Alexis Dupont, ténor du chœur ; Dominique Tajan-Rogé, violoncelliste.

Il définit notamment le rôle du comité d'administration : composé de 7 membres choisis au sein de la Société, il comprend le chef d'orchestre ; un secrétaire ; un commissaire du personnel (chargé entre autres des convocations aux répétitions et aux concerts) ; un commissaire du matériel (chargé entre autres de l'organisation des copies des matériels d'orchestre) ; un agent comptable, un archiviste caissier ; un professeur de la classe d'ensemble (chargé des répétitions préparatoires du chant). Les membres du comité, élus par l'assemblée générale, se réunissent une fois par mois au moins et c'est du comité également que dépend l'importante question du choix de la programmation.

L'accent mis par le règlement sur les finances de l'association permet de connaître aussi les détails du fonctionnement d'un orchestre dans la première moitié du XIXe siècle. Ainsi sont détaillés le traitement des employés, les gages des contrôleurs et des « gens de porte », le transport et le coût de location des instruments. Mais on apprend aussi ce que reviennent à la Société l'impression des programmes et affiches ainsi que ses frais de copie. L'entretien de la salle est précisé par le poste budgétaire prévu pour les frais d'éclairage, de chauffage et de garde. Le paiement du « droit des pauvres », exigé par la loi de finances de chaque année, engendre de nombreuses discussions : cet impôt sur les spectacles est accusé tout au long du XIXe siècle d'être une source de « ruine » pour les organisateurs de concerts, comme le souligne à maintes reprises Berlioz. Il constitue cependant la dépense la plus régulière de la Société (comme de toutes les institutions qui organisaient des concerts) puisqu'il apparaît encore au règlement intérieur en 1962.

La participation des sociétaires aux bénéfices est calculée selon les fonctions de chacun et en suivant la participation aux trois types d'assemblées obligatoires : assemblée générale, répétitions et concerts.

De façon générale, ce fonctionnement perdurera, donnant aux sociétaires, qui partagent les bénéfices, un droit de regard sur l'administration, et au comité d'administration des pouvoirs qui ne varieront pratiquement pas jusqu'en 1967. Les derniers statuts avant la fondation de l'Orchestre de Paris, qui datent de 1962, montrent aussi que le président de la Société est alors toujours, comme au moment de la fondation, le directeur du Conservatoire (le vice-président n'étant plus statutairement, en revanche, le chef d'orchestre).

Par ailleurs la Société, jusqu'en 1967, continue à se produire le dimanche après-midi. Si le nombre de concerts annuels de session augmente progressivement, avec la renommée de l'orchestre, il se stabilise autour d'une vingtaine après 1900 : on en compte à peu près 24 par saison après 1960 (les statuts de 1962 indiquent que « le nombre de ces concerts ou spectacles dits "de session" ne pourra être inférieur à 18 »).

Affiches de la Société des concerts du Conservatoire. 10e année. 5e concert. Dimanche 19 mars 1837. Sous la direction d'Habeneck. 22e année. Dimanche 8 avril 1849. Sous la direction de Girard. (Paris, BNF, Musique.)

15

François Antoine Habeneck
Mézières, 22 janvier 1781-Paris, 8 février 1849
Chef d'orchestre de la Société des concerts du Conservatoire de 1828 à 1848

L'idée de fonder la Société des concerts du Conservatoire fut l'entreprise commune de trois individus : Luigi Cherubini, directeur du Conservatoire, le vicomte Sosthène de La Rochefoucauld, directeur des Beaux-Arts, et François Antoine Habeneck, chef de l'orchestre de l'Opéra. Mais ce fut Habeneck seul qui, grâce à sa vision artistique et à son action personnelle, mena le projet au-delà d'une simple réitération des exercices publics d'élèves, pour aboutir à une association durable, constituée des artistes les plus accomplis du pays. On raconte que, en novembre 1826, Habeneck réunit chez lui l'équivalent d'un orchestre, composé de ses musiciens préférés – instrumentistes de l'Opéra, professeurs, lauréats récents –, paraît-il pour un « dîner prolongé » le jour de la Sainte-Cécile, patronne des musiciens. À leur arrivée, ils trouvèrent dans le salon des pupitres avec des partitions à déchiffrer. Ils travaillèrent jusqu'à la tombée de la nuit sur une symphonie difficile mais non identifiée, quand la porte s'ouvrit brusquement et Mme Habeneck annonça : « Au nom de Beethoven reconnaissant... à table. » Au cours du toast qui suivit, ils apprirent qu'ils venaient de déchiffrer la *Symphonie héroïque*.

Habeneck, ses frères Joseph et Corentin et sa sœur Aimée ont tous été initiés à la musique par leur père Adam Abneck, un musicien allemand de Mannheim devenu officier de l'armée française. La famille déménage donc fréquemment, et il semble qu'elle ait passé la période de la Révolution en Bretagne. À l'âge de 10 ans, François Antoine Habeneck, qui étudie le violon, joue des concertos en public et commence à composer ; à 18 ans, en 1799, il prend son indépendance et vit à Brest, où il cherche à s'établir en qualité de violoniste, professeur de violon et compositeur d'œuvres lyriques légères.

En 1800, il entre au Conservatoire de Paris comme élève de Pierre Baillot, et l'année suivante il devient le répétiteur de ce dernier. On dit que l'impératrice Joséphine s'intéressait au jeune Habeneck et lui offrit un soutien financier de 1 200 francs par an. Il obtient son premier prix de violon en 1804, puis joue très brièvement dans l'orchestre de l'Opéra-Comique, avant de passer avec succès une audition pour un poste vacant à l'Opéra, où il reste jusqu'à la fin de sa carrière. En sa qualité de premier prix, il conduit aussi les exercices publics des élèves du Conservatoire, de son pupitre de premier violon, avec un succès tel qu'il faudra modifier le règlement pour lui permettre de continuer à diriger ces concerts publics annuels (1806-1815). La Société des concerts descend en droite ligne de ces exercices publics.

En 1804, il épouse Anne Charlotte Gardel, fille de Gabriel Gardel, maître de ballet à l'Opéra. Elle meurt sans enfant en 1817. En 1818, Habeneck épouse en secondes noces Marie Adèle Sieber, fille de l'éditeur de musique, avec laquelle il a deux enfants : Antoinette Marie Juliette Caroline et Marie Mathilde.

Lorsque Rodolphe Kreutzer accède au poste de chef d'orchestre de l'Opéra en 1817, Habeneck lui succède en qualité de premier violon solo et chef assistant, et c'est à ce dernier titre qu'il réintroduit les concerts spirituels de la Semaine sainte en 1818 ; là aussi il continue, comme il l'avait fait dans les exercices publics, à promouvoir la musique de Beethoven. Il occupe la fonction de premier violon, puis de chef de la Chapelle royale sous la Restauration ; il devait plus tard réorganiser la chapelle de Louis-Philippe. En tant que directeur général de l'Opéra, de 1821 à 1824, il inaugure le nouveau théâtre de la rue Le Peletier, éclairé au gaz ; à cette occasion, il fait exécuter

Aladin, ou la Lampe merveilleuse d'Isouard Nicolo et Angelo Benincori (6 février 1822). Il est décoré de la Légion d'honneur le 19 août 1822.

Lors d'une réorganisation générale de l'administration de la musique à Paris en 1824, on demande à Habeneck de quitter la direction de l'Opéra et de partager le titre de premier chef d'orchestre avec Henri Valentino (jusqu'au 1er juin 1831, date à laquelle Valentino quitte cette fonction : il prendra plus tard la direction de l'orchestre de l'Opéra-Comique). Simultanément, il est nommé au poste, en grande part honorifique, d'inspecteur général du Conservatoire, et, ce qui est beaucoup plus important, il y obtient sa propre classe de violon (1825). Son premier élève à remporter le premier prix est Jean-Baptiste Cuvillon en 1826 ; plus tard, il a pour élèves Delphin Alard, Jean-Jacques Masset, Louis Clapisson, Eugène de Sauzay et le grand virtuose Hubert Léonard.

En tant que premier chef à l'Opéra, jusqu'à sa retraite en 1846, Habeneck dirige la première de *Guillaume Tell* de Rossini (1829), *Robert le Diable* (1831) et *Les Huguenots* (1836) de Meyerbeer, *La Juive* de Fromental Halévy (1835) et *Benvenuto Cellini* de Berlioz (1838). Avec *Le Comte Ory* de Rossini (1828), il abandonne les habituels « coups » de bâton (les « tacks »), notoirement et affreusement audibles, leur préférant la coutume qui consiste à diriger avec l'archet du violon. En général, il conduit les opéras en suivant des partitions réduites et les œuvres orchestrales sur la partie de violon conducteur ; il lui arrivera cependant plusieurs fois, plus tard au cours de sa carrière, de diriger avec une baguette et une partition complète. La célébrité grandissante, d'Habeneck en tant que chef d'orchestre l'amène peu à peu à abandonner la composition, qu'il considérait comme un « travail ingrat ».

Il a légué un héritage important à la Société des concerts du Conservatoire. Pendant la période où il est en fonction, son orchestre maîtrise rapidement les symphonies de Beethoven, présentant la *Troisième* et la *Cinquième* lors de la première saison, et la *Neuvième* en mars 1831 ; les neuf symphonies sont toutes au répertoire en 1832. Pratiquement toute l'œuvre de Beethoven, y compris les *Quatuors* et le *Septuor* joués par l'ensemble au complet, est maîtrisée dans les années 1840. On connaît la célèbre remarque de Wagner en entendant la *Neuvième Symphonie* dirigée par Habeneck en 1839 : « Les écailles me tombèrent des yeux ; je vis nettement le rôle de l'interprétation et je pénétrai du même coup le secret de l'heureuse solution du problème[1]. » Habeneck favorise la vogue à Paris du concerto solo, de l'œuvre orchestrale de Haydn, Méhul et Mendelssohn, et (grâce au chœur de la Société) de la musique de Haendel, Rameau, Gluck et Cherubini. Il apporte son soutien personnel à Mendelssohn, Liszt, Chopin et Wagner – ainsi qu'au secrétaire de Beethoven, Anton Schindler – lors de leurs séjours à Paris. Il cherche, tout au long de sa carrière, des moyens pour faire reconnaître et pour encourager une école de jeunes compositeurs dirigeant les premières exécutions de la *Symphonie fantastique* de Berlioz (1830), de son *Requiem* (1837) et de son *Benvenuto Cellini* (1838).

Sous sa direction, la Société des concerts est considérée comme le meilleur orchestre au monde. Il est estimé de tous les musiciens et répond spontanément à leur affection par une amitié loyale. Pour Léon Escudier, « Habeneck fut une des gloires de la France[2] ». Berlioz l'admire parce qu'« à lui seul est due la glorieuse popularisation des œuvres de Beethoven à Paris[3] ».

Il est également excentrique et parfois revêche. Charles de Boigne rapporte comment, « à chaque note fausse, il se retournait, et désignait de son archet le coupable à la vindicte publique[4] ». Et Saint-Saëns d'ajouter : « Comme il était fort laid, le seul résultat obtenu était un accès de gaieté dans l'auditoire[5]. » Habeneck fut peut-être déçu de ne pas connaître la notoriété en tant que violoniste de concert, comme son mentor Kreutzer et son contemporain Baillot. Ses proches connaissaient son immense ambition et son besoin d'être admiré ; ils finirent par s'habituer à sa façon de passer d'un moment à l'autre de la bonne humeur à une arrogance insupportable. Mais personne ne contestait son érudition, son goût et son oreille extraordinaire. Ses musiciens percevaient des pouvoirs surnaturels dans la manière dont il maîtrisait le secret de son art. Aussi bien ses admirateurs que ses censeurs comprenaient que dans la salle des concerts du Conservatoire, où il donnait le meilleur de lui-même, il accomplissait des miracles.

Le début du déclin d'Habeneck date de février 1844, lorsqu'il se casse les deux bras dans un accident ; il est ensuite atteint de paralysie partielle, peut-être consécutive à des attaques. Il est mis à la retraite par ses collègues de la Société des concerts, contre son gré, le 18 octobre 1848, et bien qu'ils l'eussent nommé président d'honneur à vie, il ne retournera jamais au Conservatoire : il meurt, aigri, quelques mois plus tard seulement. Ses funérailles sont un événement national ; le cortège est conduit par le hautboïste Stanislas Verroust et la fanfare de la Garde nationale. Le dais funéraire est porté par Spontini, Meyerbeer, Auber et le baron Taylor de l'Association des artistes musiciens. Deux cents musiciens de l'Opéra et de la Société des concerts jouent des extraits du *Requiem* de Cherubini et la marche funèbre de la *Symphonie héroïque*. *Le Ménestrel* rappelle qu'Habeneck avait souvent dirigé le même ensemble de musiciens dans cette même œuvre, frénétiquement applaudie à la salle des concerts. « Quelle page sublime ! Quel langage touchant et harmonieux ! Ô Beethoven[6] ! »

Eugène Isabey. Portrait charge de François Antoine Habeneck, vers 1840. Gouache. Ancienne collection André Meyer. (Paris, BNF, Musique.)

1. Citation reprise du *Chef d'orchestre* par Élisabeth Bernard, Paris, La Découverte, 1989, p. 80.

2. Léon Escudier, in *La France musicale*, 11 février 1849.

3. Hector Berlioz, *Mémoires*, ch. XX.

4. Charles de Boigne, *Petits mémoires de l'Opéra*, Paris, 1857, p. 298.

5. Camille Saint-Saëns, *École buissonnière*, Paris, 1913, p. 35.

6. *Le Ménestrel*, 18 février 1849.

Edme Marie Ernest Deldevez
Paris, 31 mai 1817-Paris, 6 novembre 1897
Chef d'orchestre de la Société des concerts du Conservatoire de 1872 à 1885

Entré à l'âge de 8 ans au Conservatoire de Paris, Deldevez y fait d'abord des études de solfège avant de devenir l'élève de François Antoine Habeneck pour le violon. Il obtient le premier prix de violon en 1833. Ayant étudié aussi contrepoint et fugue sous la direction de Fromental Halévy et obtenu le premier prix en 1838 puis ayant aussi cultivé, selon l'expression de François Joseph Fétis, le « style idéal » auprès de Henri Montan Berton, il se présente au concours du prix de Rome la même année. Le second prix est décerné à sa cantate *Loyse de Montfort*. Son ouverture de concert op. 1, exécutée le 10 mars 1839 par la Société des concerts, attire un compte rendu fort élogieux de la part de Berlioz : « Cette ouverture ferait honneur à bien des maîtres renommés. [...] C'est de la musique très élevée, très énergique, très brillante, écrite avec une verve continue, avec clarté, et une connaissance parfaite des ressources de l'instrumentation que l'auteur a employées avec tact et intelligence sans en abuser jamais[1]. » Le 6 décembre 1840, il organise un concert de ses œuvres avec la Société des concerts du Conservatoire qui exécute sous la direction d'Habeneck, outre *Loyse de Montfort*, une ballade, *Le Spectre du lac*, un air de la scène lyrique *Velléda*, une romance, une symphonie et l'ouverture *Robert Bruce*. De nouveau, Berlioz remarque « une ouverture et une symphonie d'un style très pur, pleines de verve et en même temps tracées sur un plan fort sage, dont les idées ont paru souvent gracieuses et l'instrumentation remarquable par sa finesse et son énergie[2] ». Selon l'article de Fétis dans la *Biographie universelle des musiciens et bibliographie générale de la musique* (parue entre 1866 et 1868), le catalogue des œuvres de Deldevez comprenait alors déjà deux symphonies, plusieurs ballets, deux trios avec piano, deux quatuors, diverses pièces pour piano et violon et des romances. En 1859, il est nommé second chef d'orchestre de l'Opéra de Paris. En mai-juin 1854,

Deldevez est chargé par l'éditeur Richault de corriger l'édition en préparation de *La Damnation de Faust*. À ce sujet, Berlioz lui écrit : « Puisque vous avez si bien déniché un grand nombre de fautes dans les premières pages, soyez assez bon pour continuer et vous nous rendrez un grand service[3]. » Deldevez introduit *La Damnation de Faust* à la Société des concerts pendant la saison 1875-1876.

Les liens de Deldevez avec la Société des concerts datent de sa prime jeunesse : comme violoniste, il devient aspirant en 1833 et sociétaire à partir de 1839. C'est Habeneck qui le mène à la direction d'orchestre. Lorsque Tilmant devient le chef d'orchestre de la Société en 1860, Deldevez l'assiste comme second chef. Cette expérience conjuguée avec celle de l'Opéra, plus difficile car il avait l'obligation de faire des remplacements de dernière minute, fait de lui l'incontestable successeur de François George Hainl après la démission de celui-ci pour raisons de santé : l'assemblée générale du 25 mai 1872 élit Deldevez premier chef d'orchestre. Cette distinction fut rapidement suivie d'autres. En juin 1873, il est nommé premier chef à l'Opéra. En octobre de la même année, il devient professeur de la classe d'orchestre du Conservatoire, poste qu'il occupera jusqu'en 1885. Bien qu'il ait été sujet à des crises de mélancolie et à des moments de doute, Deldevez est l'un de ceux qui influencèrent profondément l'évolution de la Société des concerts. Il y arrive à une époque où la vie musicale se transforme avec l'éclosion de nouveaux orchestres et de nouveaux talents. Il trouve à ses côtés de fortes personnalités comme Charles Lamoureux dont il saura canaliser l'énergie en faveur de l'orchestre avant qu'il ne quitte la Société (en 1877) et ne crée sa propre association de concert (en 1881). En fait, l'ère Deldevez se traduit par des réformes de tous ordres : les privilèges accumulés par la Société des concerts n'avaient plus lieu d'être sous un nouveau régime.

Parmi les préoccupations de Deldevez figurent l'inventaire de la bibliothèque qu'il fait faire par Eugène Jancourt et la réorganisation de celle-ci. Il contribue à renouveler les matériels d'orchestre en préconisant l'acquisition des éditions de Breitkopf & Härtel. Parmi les changements introduits dans l'organisation figure la modification du calendrier des concerts qui passent de 14 (depuis 1866) à 18 (soit 9 programmes répétés deux fois) dont les 2 concerts spirituels, ce qui laissait tout de même la disposition de la salle de concerts au Conservatoire un dimanche par mois. Voyant sa gestion financière alourdie, la Société engage un employé salarié pour assister les membres du comité. Elle qui avait été exemptée du « droit des pauvres », ou plutôt soumise à un droit forfaitaire par concert et non à un pourcentage des recettes, doit accepter en 1874 le paiement d'une taxe de 400 francs par concert, puis, en 1875, une loi impose un minimum de 5 % de la recette, ce qui était nettement inférieur aux 9 % réclamés par l'Assistance publique. Des discussions ont lieu également avec la SACEM pour le paiement de droits d'auteur lors de l'exécution d'œuvres contemporaines.

L'exécution d'œuvres de Bach et de Haendel fait partie des traits marquants de la programmation des années 1870, mais il ne faut pas oublier la pression exercée par une personnalité comme Charles Lamoureux qui, se voyant refuser l'exécution de la *Passion selon saint Matthieu* par la Société, réalisa son projet avec sa propre Société française de l'harmonie sacrée. Parmi les compositeurs vivants, Deldevez, soucieux de conserver un équilibre entre anciens et modernes, introduisit et conduisit les œuvres de Charles Gounod, Camille Saint-Saëns, César Franck, Jules Massenet, Georges Bizet, Édouard Lalo, Ernest Rey dit « Reyer », Théodore Gouvy, tout en demeurant conscient de l'effort que cela représentait pour les sociétaires. Entre 1872 et 1880, 65 œuvres nouvelles furent proposées.

Il conduisit la saison 1876-1877 qui marqua à la fois les célébrations du cinquantième anniversaire de la Société et, en février 1877, l'anniversaire de la mort d'Habeneck à l'occasion duquel fut exécuté en l'église de la Trinité son *Requiem*. Dans les années 1880, il semble avoir davantage privilégié un répertoire lyrique d'extraits d'opéras et d'oratorios.

Chef d'une haute conscience artistique, Deldevez recherchait la même exigence de la part des sociétaires. Sa démission annoncée pour raisons de santé, puis ajournée, fut enfin acceptée lors de l'assemblée du 23 mai 1885, qui le nomma président honoraire à vie.

Deldevez a laissé plusieurs ouvrages précieux sur son art et sa carrière : *Curiosités musicales, notes, analyses, interprétation de certaines particularités contenues dans les œuvres des grands maîtres* (1873), *L'Art du chef d'orchestre* (1878), *La Société des concerts du Conservatoire 1860-1885* et *Mes Mémoires* (1890).

---

1. Hector Berlioz, *Critique musicale 1839-1841*, t. IV, Paris, Buchet-Chastel, 2002, p. 36.

2. *Ibid.*, p. 408.

3. Hector Berlioz, *Correspondance générale*, édition sous la direction de Pierre Citron, t. IV, Paris, Flammarion, 1972-2003, lettre 1766.

Société des concerts. 52e année. 5e concert. Dimanche 5 janvier 1879. Concert dirigé par Edme Marie Ernest Deldevez. Programme. Ce n'est qu'après la mort d'Hector Berlioz que la Société des concerts entreprit de donner ses grandes œuvres, ici la symphonie dramatique *Roméo et Juliette*. (Paris, BNF, Musique.)

GRANDE SALLE DES CONCERTS, RUE DU CONSERVATOIRE, 2.

CONSERVATOIRE NATIONAL DE MUSIQUE

Société des Concerts

52e ANNÉE

5me CONCERT

Le Dimanche 5 Janvier 1879, à 2 heures précises.

PROGRAMME

1° **Roméo et Juliette**, Symphonie dramatique . . . BERLIOZ.

   1 Introduction : Combats, tumulte, intervention du Prince.

   2 Roméo seul — Tristesse — Concert et bal — Grande Fête chez Capulet.

   3 Nuit sereine, le jardin de Capulet silencieux et désert. Les jeunes Capulets sortant de la Fête passent en chantant des réminiscences du bal — Scène d'amour.

   4 *La Reine Mab* ou *la Fée des Songes*, Scherzo.

   5 Roméo au tombeau des Capulets — Invocation — Serment de réconciliation (triple chœur). Le PÈRE LAURENCE : M. Auguez.

2° Thème varié, Scherzo et Finale du Septuor . . . . . BEETHOVEN. Exécutés par tous les instruments à cordes, 2 clarinettes, 2 cors et 2 bassons.

3° **Le Départ**, chœur sans accompagnement. . . . . MENDELSSOHN. (Voici la charmante retraite. . . . . . .)

4° **Ouverture** du *Freischütz*. . . . . WEBER.

LE CONCERT SERA DIRIGÉ PAR M. E. DELDEVEZ.

On est instamment prié de ne pas ENTRER ni SORTIR pendant l'exécution des morceaux.

LES PROGRAMMES DOIVENT ÊTRE DÉLIVRÉS GRATIS

IMPRIMERIE CENTRALE DES CHEMINS DE FER. — A. CHAIX ET Cie, RUE BERGÈRE, 20, A PARIS. — 22172-8.

Sociétaires

La décennie qui suit la fondation de la Société voit se préciser le fonctionnement de l'orchestre, notamment en ce qui concerne les membres de la Société et la mise en place de la programmation musicale. Le règlement intérieur de 1833 fait augmenter le nombre des sociétaires : ils sont désormais 112, au lieu de 100 (100 pour les exécutions générales, 12 pour les solos) ; dix ans plus tard, ils seront 120. Les 100 sociétaires « généralistes » de 1833 sont répartis entre l'orchestre (64) et le chœur (36). Les « aspirants » sociétaires, c'est-à-dire les élèves en cours de scolarité au Conservatoire, sont désormais également indemnisés et des musiciens étrangers peuvent exceptionnellement être élus comme membres honoraires. La catégorie particulière des sociétaires solos sera abandonnée sous la direction de Narcisse Girard, en 1857, et intégrée au nombre total des sociétaires de l'orchestre (qui passe ainsi de 64 à 74 membres). Les statuts renouvelés de 1962 indiquent enfin qu'un conseil de solistes, composé de 10 membres, choisis par le comité parmi les solistes de la Société des concerts du Conservatoire, devra être consulté par le comité « dans tous les cas où l'intérêt supérieur de l'association serait mis en cause sur le plan artistique ».

En 1848, les statuts précisent la création du poste de « deuxième chef » qu'occupera le premier violon de l'orchestre. En 1858, l'âge de la retraite est officiellement fixé par les statuts à 60 ans (l'âge minimum pour être admis comme sociétaire avait été fixé, en 1843, à 21 ans). Comme le note D. Kern Holoman, en 1863-1864 une vague de départs à la retraite frappe la Société, emmenant avec elle certains des membres fondateurs, comme les violonistes Pantaléon Battu, Victor Gras ou Jean-Baptiste Joseph Tolbecque (aîné).

Programmation

Les textes ministériels viennent parfois se mêler des détails de la programmation musicale – au grand déplaisir d'Habeneck. Un décret du 13 décembre 1832, signé du comte d'Argout[3], précise que la programmation de la Société devra inclure « un des morceaux des élèves lauréats envoyés à Rome ou en Allemagne depuis trois ans » (c'est-à-dire des compositeurs lauréats du prix de Rome, qui devaient passer les trois premières années de leur pensionnat en Italie, et les deux dernières en Allemagne). Mais l'orchestre ne tiendra que très

rarement compte de cette directive. Peut-être le jeune Berlioz lui doit-il de voir mis au programme du célèbre orchestre, le 14 avril 1833, son *Intrata di Rob-Roy MacGregor* (son envoi de Rome pour 1832) – c'est l'une des rares occasions où sa musique sera jouée, de son vivant, par la Société des concerts. Le même décret de 1832 fait à la Société l'obligation de donner, en plus de ses sept concerts annuels, un concert au bénéfice de la Caisse des pensions du Conservatoire.

L'année 1838 est importante dans cette histoire de la programmation des concerts de la Société. Le règlement prévoit alors la création de « jurys pour l'admission des ouvrages nouveaux », qui étaient auparavant laissés au choix du seul comité, c'est-à-dire principalement du chef d'orchestre, Habeneck. Une audition d'essai, à laquelle seul le compositeur a le droit d'assister, est donnée : 12 membres choisis parmi les sociétaires qui ont participé à l'essai sont désignés par le sort et votent. Il est alors possible de demander au compositeur d'introduire des corrections dans son ouvrage avant qu'il soit adopté. Quand la composition est choisie, son auteur doit alors remettre immédiatement « entre les mains du commissaire du matériel, pour être déposée dans la bibliothèque de la Société, toute la copie de son ouvrage, qui ne lui sera rendue qu'après l'exécution dans un des concerts ».

La Caisse de prévoyance et secours

Les statuts de juin 1838 créent la « Caisse de prévoyance et secours », qui permet d'apporter de l'aide aux sociétaires en cas de maladie[4]. La pension de retraite est alors également prévue, ainsi qu'une aide financière pour les veuves de musiciens de l'orchestre[5]. Il s'agit, selon le règlement de 1838, « de constituer pour chaque membre de la Société un fonds de réserve qui sera mis à sa disposition avec les intérêts capitalisés au moment où il quittera la Société ; de créer un fonds commun de secours pour ceux des membres de la Société qui,

---

3. Ministre du Commerce et des Travaux publics, et par là directeur des Beaux-Arts.

4. En 1845 le violoniste Javault, premier prix et premier violon à l'Opéra-Comique, fut frappé de paralysie « à la fleur de l'âge » à la suite d'une attaque ; il reçut une aide de 300 francs, puisque son état le privait de ses moyens d'existence.

5. À la mort d'Habeneck, sa veuve et ses filles reçurent 890 francs provenant de son livret de retraite.

par suite de maladie ou autre accident, se trouveraient dans le besoin ». Plusieurs sources alimentent cette caisse de prévoyance : chaque sociétaire verse une cotisation annuelle et obligatoire de 20 francs. S'y ajoutent, entre autres, « la recette brute d'un concert extraordinaire donné chaque année au bénéfice de ladite caisse », le produit des amendes, le produit des dons et legs – autant de points de l'organisation caractéristiques des sociétés d'assistance mutuelle fondées par le philanthrope baron Isidore Justin Séverin Taylor afin de donner des pensions et des secours aux artistes et aux amateurs (l'Association des artistes musiciens sera fondée en 1843).

Si la Société se préoccupe très tôt des veuves de ses musiciens, et de leurs droits, il faut en revanche beaucoup de temps pour que les femmes puissent devenir elles-mêmes sociétaires (alors qu'elles sont bien sûr nombreuses dans le chœur)[6]. Un amendement du 21 mai 1843 (réitéré en 1858, puis en 1911) précise : « Les femmes ne peuvent être reçues membres actifs de la Société ; elles prennent le titre de sociétaires adjoints ; en cette qualité elles ont droit au même jeton que les membres actifs, sans jamais être appelées à s'immiscer d'aucune manière aux opérations administratives de la Société ; elles ne peuvent également faire partie des membres intéressés à la Caisse de prévoyance. Le nombre pourra en être porté à huit. » L'Orchestre de Paris, fondé en 1967, ne comptait à sa création aucune femme dans ses rangs.

Le Conservatoire

Le lien obligatoire avec le Conservatoire s'affaiblit avec les années. L'élection d'André Messager comme chef d'orchestre, en 1908, crée en effet un précédent dans l'histoire de la Société. Ce musicien n'avait pas suivi les enseignements du Conservatoire, mais de l'École de musique classique et religieuse de Louis Niedermeyer, comme Gabriel Fauré d'ailleurs, directeur du Conservatoire à partir de 1905. Messager, qui veut sortir la Société de son isolement et l'ouvrir sur le monde (effort que font aussi, à la même époque, les autres associations symphoniques), commence à alerter son entourage musical des difficultés que rencontre son orchestre. En 1912, il se plaint à Fauré des faibles revenus de ses sociétaires par rapport à ceux des autres associations symphoniques[7]. Il faut dire que, depuis 1837, interdiction est faite aux musiciens de la Société de se produire dans des concerts extérieurs durant la saison, sauf permission exceptionnelle du comité ou du chef d'orchestre. De plus, ajoute Messager, la salle du Conservatoire est trop petite (il est impossible d'y jouer le répertoire contemporain), le prix des billets trop élevé, et la Société isolée depuis le transfert du Conservatoire rue de Madrid en 1911.

6. La seule femme instrumentiste connue pour avoir participé aux concerts de la Société est Alys Lautemann, harpiste, qui fut « aspirante » à côté du soliste Victor Cœur, à partir de la saison 1926-1927, et qui le remplaça à partir de 1942, mais sans jamais parvenir au statut de sociétaire, qu'elle demanda à plusieurs reprises.
7. Trois autres importantes associations de concerts s'étaient créées depuis la fondation de la Société des concerts du Conservatoire : la Société des jeunes artistes du Conservatoire, de Pasdeloup, fondée en 1853, qui devient en 1861 les Concerts populaires de musique classique et qui se produit au Cirque Napoléon ; l'Association artistique des Concerts Colonne, fondée en 1874, qui succède au Concert national, et qui se produit au Théâtre du Châtelet ; les Concerts Lamoureux, fondés en 1881.

Anonyme.
Albert Seitz, secrétaire de la Société des concerts, fondateur de la caisse de retraite, décédé en septembre 1937.
Huile sur bois.
(Archives de l'Orchestre de Paris.)

Festival Beethoven offert par la Société des concerts du Conservatoire au profit total des œuvres d'assistance aux prisonniers de guerre de la Croix-Rouge française, 14 février 1941.
(Paris, BNF, Musique.)

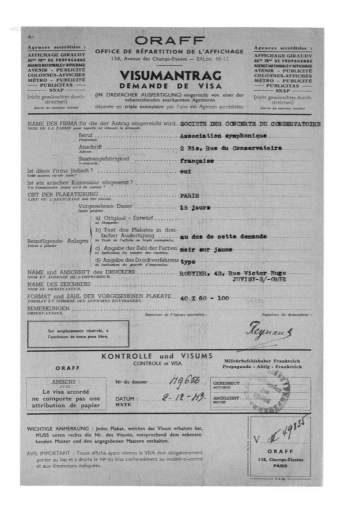

ORAFF (Office de répartition de l'affichage). *Visumantrag* (demande de visa), 2 décembre 1943. Au verso est indiqué le programme pour lequel la Société des concerts demande l'autorisation d'affichage : Théâtre national palais de Chaillot, 16 décembre 1943, Jeunesse et musique (présentation de récents premiers prix du Conservatoire). La personne en charge de la demande, contrairement à ce qu'indiquaient tous les formulaires précédents, a répondu « oui » à la question : « Cette maison est-elle juive ? » (Paris, BNF, Musique.)

La question du lien, obligatoire ou non, avec le Conservatoire, se posera de nouveau lors de l'élection de Charles Münch, qui n'était pas non plus issu des classes de la prestigieuse école. Mais l'hésitation engendrée par cette situation ne dure pas longtemps : nommé d'abord pour cinq ans, à partir de 1938, Münch accède dès 1939 au titre de directeur permanent. Lorsque, en 1941, Henri Rabaud se retire de la direction du Conservatoire, Münch tiendra également lieu de président de la Société jusqu'à la fin de son mandat – Claude Delvincourt, le nouveau directeur du Conservatoire, devenant de fait vice-président, et Jean Savoye, violoniste, secrétaire entre 1937 et 1948.

La période de l'Occupation tient bien évidemment une place à part dans l'histoire de la Société des concerts, qui dut composer avec les autorités allemandes. D. Kern Holoman a relaté cette période dans son ouvrage sur la Société des concerts. En octobre 1940, alors qu'une tentative de réorganisation commençait (la saison de 1939-1940 avait été annulée, du fait de la mobilisation de nombreux musiciens), Jean Savoye reçut l'avis interdisant aux Juifs d'occuper des postes d'administrateurs au sein d'institutions qui recevaient des subventions gouvernementales ; l'administration fut aussi obligée, comme toutes les autres, de soumettre les affiches et les publicités qu'elle voulait faire paraître à un bureau de censure, et d'attester qu'elle respectait la législation antijuive. Un an après, en octobre 1941, les autorités imposèrent une série de concerts pour le 150e anniversaire de la mort de Mozart ; les programmes de cette époque, bilingues, portent l'intitulé allemand : « Orchester der Konservatorium-Gesellschaft ». Jean Savoye et Charles Münch (dont le rôle personnel dans la Résistance allait valoir à l'orchestre son rôle prépondérant à la Libération) s'efforcèrent de négocier ces concerts imposés : exigeant par exemple le retour de quatre sociétaires encore prisonniers de guerre en 1941, ou évitant encore pour leurs musiciens le Service du travail obligatoire. En février 1943, Charles Münch refuse de diriger le concert d'hommage à Wagner réclamé par les autorités allemandes, au palais de Chaillot, intitulé « Hommage français à Wagner à l'occasion du 60e anniversaire de sa mort », et cède sa place à Alfred Cortot.

Münch fait également participer l'orchestre, pendant l'Occupation, à l'enregistrement de la musique des *Enfants du paradis*, de Marcel Carné, dont l'auteur est le compositeur d'origine juive Joseph Kosma : Kosma prend alors le pseudonyme de Georges Mouqué, et le nom de Maurice Thiriet est utilisé pour les droits d'auteur.

PAGE DE GAUCHE, EN BAS,
ET CI-CONTRE :
Théâtre national
de l'Opéra. Soirée du
17 juin 1945 au profit
des veuves et orphelins
des Forces françaises
libres sous la présidence
d'honneur du général
de Gaulle. Programme
du concert donné
par Yehudi Menuhin
avec l'orchestre de
la Société des concerts
du Conservatoire
sous la direction
de Charles Münch.
Menuhin exécute des
concertos de J. S. Bach,
H. Vieuxtemps
et A. Dvořák.
(Paris, BNF, Musique.)

THÉATRE DES CHAMPS-ÉLYSÉES

Festival de **MUSIQUE AUTRICHIENNE**

LUNDI 17 DÉCEMBRE 1945

La VIIème Symphonie d'Anton Bruckner
en mi majeur
ÉCRITE DE 1881 à 1883
ALLEGRO MODERATO-ADAGIO-SCHERZO-FINALE

Anton BRUCKNER (1824-1896) est certainement un des plus grands génies musicaux qu'ait produit l'Autriche. Son œuvre comprend 121 compositions dont une vingtaine au moins lui confèrent une gloire immortelle, à l'égal de Bach, Beethoven et Wagner dont il procède directement. Il a écrit pour l'orchestre quelques-unes des pages les plus grandioses qui soient, où la richesse de l'instrumentation et la science du contrepoint atteignent aux sommets de l'art.

La 7ᵉ Symphonie que nous offrons à nos auditeurs, a fait entrer Bruckner dans la gloire en consacrant sa réputation universelle.

Elle est de proportions monumentales; son exécution dure une heure quinze minutes.

« Le thème initial, disait Bruckner, n'est pas du tout de mon crû. Une nuit m'apparut en songe le musicien Dorn, mon défunt ami, qui me le dicta. Prends garde, me dit-il, ce motif sera le début de ta fortune. »

Quant à l'*Adagio*, c'est un « hymne grave comme la mort, solennel comme l'éternité », dont on ne trouve l'égal que chez les tout grands maîtres, à l'heure de leurs inspirations les plus hautes. Une ombre illustre s'étend sur cette œuvre : le souvenir de Richard Wagner, mort lorsque Bruckner était en train de la composer. Aussi l'*Adagio* s'achève-t-il en véritable musique funèbre à la gloire du Maître. Rien ne saurait décrire l'accent solennel dont est empreint ici le chant du premier tuba.

La solennité de cet Adagio est cependant inséparable des autres sommets de la symphonie. Le caractère tantôt héroïque, tantôt lyrique de l'*Allegro* prédispose à pleurer quelque grande perte; le rythme dyonisiaque du *Scherzo* nous rappelle à la vie, et le *Finale* symbolise le triomphe sur la Mort elle-même. Il n'est que de juxtaposer le thème initial du premier mouvement, celui de l'Adagio, et les grands thèmes du Finale, pour voir jusqu'où est poussé dans cette symphonie le souci de l'affinité thématique.

(D'après Léon Van Vassenhove, ANTON BRUCKNER, Neuchâtel, 1942.)

GRAND FESTIVAL DE MUSIQUE AUTRICHIENNE

Organisé par l'Union des Amis de l'Autriche sous le Haut Patronage de son président M. E. HERRIOT et avec la présence effective de M. Francisque GAY, Ministre d'État et la Colonie Autrichienne de Paris

avec le concours de la célèbre cantatrice viennoise

LOTTE SCHOENE

et de la

SOCIÉTÉ DES CONCERTS DU CONSERVATOIRE

sous la direction de

M. CHARLES MÜNCH

Ouverture des Noces de Figaro .. .. MOZART

Les Noces de Figaro, AIR DE SUZANNE .. .. .. MOZART

La Flûte enchantée, AIR DE PAMINA .. .. .. MOZART
Madame Lotte SCHOENE

VIIème Symphonie en mi majeur .. .. .. A. BRUCKNER

AU BÉNÉFICE DES PRISONNIERS DE GUERRE ET DÉPORTÉS FRANÇAIS RAPATRIÉS D'AUTRICHE

Théâtre des Champs-Élysées. Festival de musique autrichienne, 17 décembre 1945. Au bénéfice des prisonniers de guerre et déportés français rapatriés d'Autriche. (Paris, BNF, Musique.)

Avec le temps, le travail des sociétaires au sein de l'orchestre devient de plus en plus prenant et se rapproche d'un emploi à plein temps : peu à peu s'ajoutent aux concerts de la session normale les concerts donnés pour la jeunesse (qui commencent pendant la guerre), des tournées en province, les productions radiophoniques et de nombreuses séances d'enregistrement. C'est du fait de cette évolution que, vingt années plus tard, la nécessité de fonder un orchestre dans lequel les musiciens seraient salariés à plein temps se fait sentir de façon de plus en plus urgente. De nombreux signes d'évolution d'ailleurs, pendant les deux décennies qui précèdent la création de l'Orchestre de Paris, annoncent les besoins qui seront ceux d'un orchestre moderne. Ainsi, l'accroissement du nombre des chefs invités (pendant les directions de Münch et d'André Cluytens notamment) rend le rôle du comité de programmation inutile – les chefs invités décidant eux-mêmes, le plus souvent, des œuvres qu'ils mettront au programme. D'autre part, les « membres bienfaiteurs » de l'Orchestre font peu à peu aussi leur apparition autour de 1960, pendant l'ère Cluytens, préfigurant le rôle que jouera, à partir de 1981, le Cercle de l'Orchestre de Paris : cette organisation de mécènes est en particulier précieuse pour la programmation de musique contemporaine, très souvent déficitaire, ou encore pour engager chœurs ou solistes coûteux.

Naissance de l'Orchestre de Paris

Entre 1962 et 1967, Raymond Gallois-Montbrun, directeur du Conservatoire, donne à son rôle de président de la Société des concerts un sens singulièrement actif. Son influence sera importante dans la création du futur « Orchestre de Paris ».

André Malraux est alors ministre du général de Gaulle, chargé des Affaires culturelles : en décembre 1962, il met sur pied une commission chargée d'examiner la situation de la musique en France : l'idée de fonder un orchestre subventionné fait alors très rapidement son chemin. D'autre part, le compositeur Marcel Landowski prend un rôle prépondérant. Le futur directeur de la Musique, de l'Art lyrique et de la Danse au ministère de la Culture (entre 1970 et 1975), futur concepteur aussi du « Plan de dix ans pour l'organisation des structures musicales françaises », est d'abord nommé, en décembre 1964, inspecteur général de la musique au cabinet d'André Malraux. En mars 1965, un Comité national de la musique est fondé ; dirigé par Jacques Chailley ; il soutient cette « nouvelle politique » que Marcel Landowski est en train de concevoir.

De son côté la Société des concerts du Conservatoire traverse à ce moment une crise financière, aggravée par un différend qui l'oppose à la maison Pathé-Marconi. La solution proposée par Landowski de créer un orchestre

Assemblée Générale de dissolution de la SOCIÉTÉ DES CONCERTS DU CONSERVATOIRE

Feuille de Présence du 21 juin 1967 à 12 heures

Assemblée générale : 66
Assemblée ext : 65
Résultat du vote pour la dissolution : 51
contre : 13
Bulletin blanc : 1

1ers Violons			2mes Violons			Altos			Violoncelles			Contrebasses			Cors			Harpes		
NERINI	A	A	SIMON	P	P	BALOUT	P	P	CORDIER		P	CAZAURAN	P	P	THEVET	P	P	GALLAIS	P	P
TESSIER	P	P	LOPEZ	P	P	HADJAJE	P	A	BARTHE	P	P	BOUILLOD	P	P	TASSIN	P	P	DUBOIS	P	P
BALBON	A	A	EISELE	P	P	HUSSON	P	P	BENEDETTI R.	P	P	DEVOS	P	P	COUTELET	P	P			
GITTON	P	P	BENEDETTI M.	P	P	CHEVAL	P	P	MASSON	P	P	LOGEROT J.P.	P	P	NAVASSE	P	P	*Timbales*		
CORNU	P	P	GOY	P	P	SAULNIER	P	P	BERARD	P	P	BEAUFOUR	P	P				DELECLUSE	P	P
PROFFIT	P	P	BARDON	P	P	LAFFONT	P	P	BOURCIER	P	P				*Trompettes*					
DATTE	P	P	BAILLE	P	P	NAVEAU	P	P	ESCAVI	P	P				MENARDI	A	A	*Batterie*		
BENEDETTI P.	P	P	FERRANDI	P	P	RATAZZI	P	P	RECASSENS	P	P				CHARLET	P	P	REMY	P	P
MANZONNE	P	P	TRUYS	P	P	BOSCO	P	P										JACQUILLAT	P	P
PONTICELLI	P	P				WESMAEL	P	P										JACQUES Jean	P	P
GALLOIS	P	P																		

Hautbois — CASIER P P ; MALGOIRE P P ; BOURGUE P P

Trombones — GALIEGUE P P ; TOULON P P ; BERNARD P P

Observations : Nomination de Monsieur Wesmael pour la liquidation de la Société des Concerts : pour 64, contre 1

Flûtes — DEBOST P P

Clarinettes — BOUTARD P P ; DRUART A A ; ROCHE P P

Bassons — DHELLEMMES P P ; WALLEZ P P ; CHANDOR P

Tuba — LELONG P P

GALLOIS-MONTBRUN P P

Feuille de présence de l'assemblée générale de la Société des concerts du Conservatoire prononçant la dissolution de la Société, 21 juin 1967. (Paris, BNF, Musique.)

Statuts de l'association « Orchestre de Paris ». Paris, 5 avril 1967. (Paris, BNF, Musique.)

national – sur les bases de la Société des concerts du Conservatoire, meilleur orchestre français – va s'imposer peu à peu, malgré l'opposition du compositeur Pierre Boulez qui prônait, lui, la création d'un orchestre polyvalent, destiné à se produire dans la musique lyrique comme symphonique, et engendré par la fusion des orchestres de l'Opéra et de la Société des concerts. Landowski souligne, dans son livre *Batailles pour la musique* (1979), l'appui important qu'il reçut des administrateurs de la Société, et en particulier du violoniste Georges Tessier, secrétaire général au moment de la transformation, qui fut selon lui « l'âme de l'affaire ».

En avril 1966 les premiers statuts du nouvel orchestre sont rendus publics. Le 21 juin 1967, la dernière assemblée générale de la Société des concerts a lieu au Conservatoire, rue de Madrid, avec l'ordre du jour : « Transformation de la Société des concerts en orchestre officiel sous le titre : Orchestre de Paris. » La dissolution de la Société est prononcée à l'issue de cette assemblée. Le premier article des statuts de l'Orchestre de Paris décrit ainsi la fonction du nouvel orchestre :

« Sous la dénomination d'"Orchestre de Paris", l'État, la Ville de Paris, le département de la Seine, décident de fonder, conformément à la loi du 1er juillet 1901, une association dont l'objet est de créer et de gérer un grand orchestre, qui par sa qualité exceptionnelle aura pour mission de donner des concerts à Paris,

TITRE I – FORMATION ET OBJET DE L'ASSOCIATION

Article 1er.- Sous la dénomination de "Orchestre de Paris", l'Etat, la ville de PARIS, le département de la Seine, décident de fonder, conformément à la loi du 1er juillet 1901, une association dont l'objet est de créer et de gérer un grand orchestre, qui par sa qualité exceptionnelle aura pour mission de donner des concerts à PARIS, dans la Région Parisienne et sur l'ensemble du Territoire National et de faire rayonner le prestige musical de PARIS et du Pays dans les pays étrangers. Les départements de la région parisienne pourront, ultérieurement adhérer à la présente association dans les conditions fixées par l'Assemblée Générale.

Article 2.- La durée de l'association est illimitée. Son siège est à PARIS.

Article 3.- L'association se compose :

1°/ des collectivités publiques fondatrices énumérées à l'article 1er et celles qui adhéreront ultérieurement.

2°/ de membres souscripteurs. Sont considérés comme tels, les personnes publiques ou privées qui prennent l'engagement de verser annuellement à l'association une somme dont le montant minimum est fixé par l'Assemblée Générale.

3°/ de membres d'honneur, nommés par l'Assemblée Générale sur la proposition du Conseil d'Administration. Ils sont dispensés du versement de toute cotisation.

.../

Affiche du concert
inaugural de
l'Orchestre de Paris,
sous la direction
de Charles Münch,
le 14 novembre 1967.

PAGE DE DROITE
Marcel Landowski,
André Malraux et
Charles Münch lors
du concert inaugural
de l'Orchestre de Paris,
14 novembre 1967.

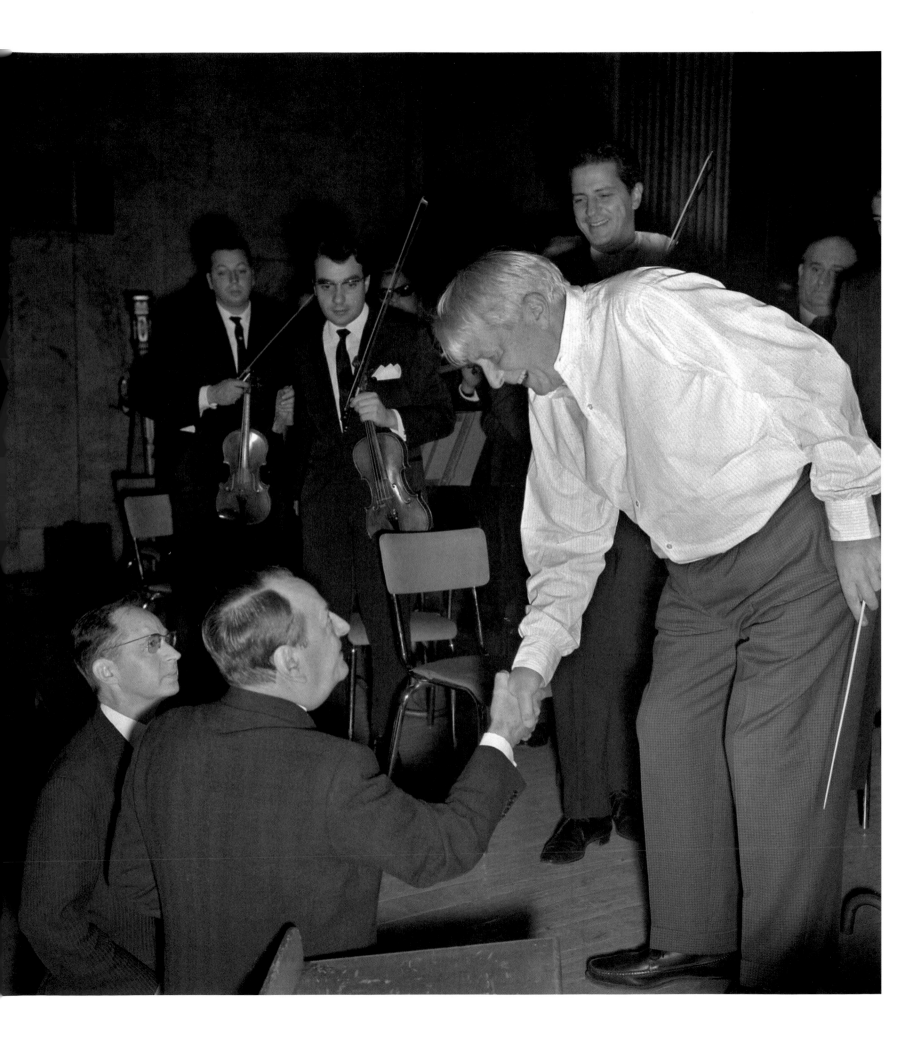

Le chef d'orchestre Serge Baudo, pendant un enregistrement salle Wagram pour EMI, 22 décembre 1970.

Le chœur de l'Orchestre de Paris dirigé par Arthur Oldham. Théâtre des Champs-Élysées, 12 janvier 1979.

dans la région parisienne et sur l'ensemble du territoire national et de faire rayonner le prestige musical de Paris et du pays dans les pays étrangers. Les départements de la région parisienne pourront ultérieurement adhérer à la présente association dans les conditions fixées par l'assemblée générale. »

On ne peut détailler toutes les circonstances qui donnèrent naissance à l'Orchestre de Paris : comment on lui fit prendre racine dans la Société des concerts, de préférence aux trois autres associations symphoniques parisiennes, comment se déroulèrent les nouveaux recrutements, et comment tout cela fut présenté au public. Les archives livrent pourtant quelques documents qui éclairent cette période et offrent un écho des débats qui ont accompagné la dissolution. Ainsi cette lettre adressée aux abonnés de la Société des concerts, écrite peu après la dissolution, le 8 juillet 1967, pour en expliquer les raisons :

« Comme il ne pouvait s'agir d'ajouter un nouvel orchestre à ceux déjà existants, les créateurs ont décidé de choisir, pour cette promotion exceptionnelle, parmi les quatre grandes associations symphoniques parisiennes, la plus ancienne d'entre elles, notre Société des concerts

du Conservatoire, ainsi que cela avait été proposé par la "Commission d'étude des problèmes de la musique", réunie entre 1962 et 1965 par Monsieur André Malraux, ministre d'État chargé des Affaires culturelles.

Notre orchestre va s'appeler dorénavant : "Orchestre de Paris Société des Concerts du Conservatoire". Ses effectifs très largement augmentés sont de 110 musiciens, les éléments supplémentaires ayant tous été recrutés par concours sur épreuves d'un très haut niveau, placés sur un plan international. C'est le directeur de l'Orchestre, Monsieur Charles Münch, qui a présidé tous ces concours, et c'est lui qui, entouré d'un comité exécutif et d'un conseil musical comprenant quelques-uns parmi les plus grands noms de la musique française, présidera aux destinées de notre phalange. Le retour de Charles Münch comme chef permanent à la tête d'une telle formation est déjà, à lui seul, un événement. »

De son côté, le journal *Échos de l'Orchestre*[8], édité par l'Orchestre de Paris, décrit dans son numéro 2 de novembre 1977 (consacré au 10ᵉ anniversaire de l'Orchestre de Paris) les auditions à l'issue desquelles Charles Münch, le comité exécutif et le conseil musical choisirent les futurs musiciens :

SEPTEMBRE-OCTOBRE N° 8

ORCHESTRE DE PARIS
SOCIÉTÉ DES CONCERTS DU CONSERVATOIRE
FONDATEUR : CHARLES MÜNCH
DIRECTEUR : DANIEL BARENBOÏM

SAISON 1978-1979

échos DE L'ORCHESTRE

— HOMMAGE A CHARLES MÜNCH —

Le 7 novembre 1968, les téléscripteurs du monde entier transmettaient la nouvelle : Charles Münch est mort.

A quelques jours de l'anniversaire de la première apparition publique de l'Orchestre de Paris auquel il avait entièrement consacré les deux dernières années de sa vie...

Ses « enfants » (comme il appelait les musiciens) et il étaient sur le point d'achever une tournée inaugurale aux Etats-Unis. Après un accueil triomphal à Carnegie Hall, trois jours plus tôt, ils se trouvaient à Richmond, en Virginie, où ils devaient donner l'un de leurs derniers concerts américains. Dans la nuit, Charles Münch s'éteignit paisiblement dans sa chambre d'hôtel. Il venait d'avoir 77 ans.

Il était né à Strasbourg où son père était organiste et professeur au Conservatoire. Ses études de violon terminées dans sa ville natale, Charles Münch se perfectionna

Photo Neuvecelle

D'innombrables déplacements lui font parcourir l'Europe et les Etats-Unis. C'est en décembre 1946 que Charles Münch fait ses débuts en Amérique avec le Boston Symphony Orchestra. Il est invité également à la Philharmonique de New York et à Chicago.

En 1948-1949, Serge Koussevitzky se retirant, Charles Münch est désigné pour lui succéder à la tête du Boston Symphony Orchestra dont, jusqu'en 1962, il dirige la presque totalité des concerts aux Etats-Unis et avec lequel il fait plusieurs tournées en Europe et en Orient.

A la fin de la saison 1961-1962, il demande au Boston Symphony Orchestra sa liberté, afin de pouvoir accepter certains des nombreux engagements que l'Europe lui propose. Cependant, chaque année, il retournera aux Etats-Unis en tant que chef invité.

Marcel Landowski, André Malraux et Charles Münch à l'issue d'une des premières répétitions de l'Orchestre de Paris.

Photo A.F.P.

à Paris puis à Berlin, avant d'y retourner jouer et enseigner.

En 1925, il part approfondir sa technique au Gewandhaus de Leipzig et c'est là qu'il s'initie à la direction d'orchestre avec Furtwängler. On lui demanda alors de prendre la nationalité allemande. Il refusa et rentra à Paris prendre la tête de l'Orchestre des Concerts Lamoureux. En 1935, à la demande d'Alfred Cortot, il crée l'Orchestre de la Société Philharmonique de Paris dont il s'occupera jusqu'en 1938. Il cumule ensuite les fonctions de chef d'orchestre de la Société des Concerts du Conservatoire de professeur de violon à l'Ecole Normale de Musique et la direction d'orchestre au Conservatoire jusqu'en 1946.

En 1967, André Malraux et Marcel Landowski lui confient la création de l'Orchestre de Paris. L'Infatigable défenseur de la musique française oublie alors toutes ses fatigues et paraît retrouver une seconde jeunesse pour se lancer dans l'aventure.

N'avait-il pas l'habitude de dire : « Nous devons travailler chaque jour comme si nous allions mourir demain » ?

L'un des derniers concerts aux Etats-Unis. Photo Whitestone

Charles Münch fut un grand parmi les grands parce qu'il possédait ce double don incomparable d'être aimé par la musique et respecté et adoré par les musiciens. Ceci fut vrai partout où il dirigea un orchestre mais singulièrement avec l'Orchestre de Boston, puis l'Orchestre de Paris.

Marcel Landowski.

Eglise Saint-Louis des Invalides

Samedi 28 octobre 1978 à 21 h 30

CONCERT EN HOMMAGE A CHARLES MÜNCH POUR LE 10ᵉ ANNIVERSAIRE DE SA MORT

Daniel Barenboïm - Barbara Hendricks
Eric Tappy - Gwynne Howell
CHŒUR DE L'ORCHESTRE DE PARIS

Direction : Arthur Oldham

MOZART REQUIEM

Ouverture de la location le 14 octobre au Palais des Congrès

Charles Münch était l'homme des contrastes. Taciturne dans la vie privée, il devenait électrique au pupitre de chef. Les musiciens d'orchestre l'aimaient et le vénéraient. Sa présence au pupitre déchaînait sur eux et sur l'auditoire toutes les puissances de la musique, et l'on pouvait alors dire de lui ce que la Prêtresse de Delphes disait à Alexandre : « Mon fils, rien ne peut te résister ! »

Olivier Messiaen.

Je dois à Charles Münch une reconnaissance très personnelle en dehors de l'admiration et du respect que je partage avec le monde musical. C'est lui qui m'a permis de jouer pour la première fois à Paris une œuvre que j'aimais profondément et que le public parisien n'appréciait pas encore en ces années 1920. Ce fut le concerto en si bémol de Brahms. Ma femme et moi fûmes présents à l'inoubliable concert inaugural de l'Orchestre de Paris, dont il fut le créateur, et qui restera pour toujours un monument vivant à sa mémoire.

Arthur Rubinstein.

Quel est le trait de personnalité qui revient en premier à l'esprit quand on se souvient de Charles Münch ? Je crois qu'en plus de tout le reste — la connaissance, la fougue, la sensibilité — c'est son génie de l'improvisation et de l'inspiration spontanée qui nous ont marqués à jamais. Chaque concert, même de programme identique, était pour nous une découverte, une surprise, presque un programme de « premières auditions ».

Charles Münch ou le génie de l'imprévu...

Luben Yordanoff.

« Charles Münch, ayant à ses côtés Serge Baudo, passa dix jours, au rythme de dix heures par jour, à la tête d'un jury désigné par le ministre d'État, à choisir un par un les musiciens de "son" orchestre.

Ces examens eurent lieu en quatre temps. Une vingtaine de membres de la Société des concerts du Conservatoire fut nommée par concours sur titres ; une trentaine subit avec succès un sévère contrôle de fonction ; quelques-uns furent reçus à un concours

Échos de l'Orchestre.
Septembre-
octobre 1978. N° 8.
Saison 1978-1979.
(Archives Orchestre
de Paris.)

À GAUCHE
Le premier chef
du chœur
de l'Orchestre de Paris,
Arthur Oldham,
le 24 mars 1990.

---

8. Depuis sa création l'Orchestre de Paris a édité plusieurs journaux, dont *Échos de l'Orchestre* (1ᵉʳ numéro, septembre 1977 ; 23ᵉ numéro, juin 1981) et *L'Orchestre de Paris* (n° 1, septembre-novembre 1994 ; n° 12, mars-juin 1998). Les brochures de saison ont pu ensuite tenir lieu de journal, avec leurs nombreuses illustrations et leurs textes détaillés sur la programmation.

Pierre Alechinsky. *Da Capo*, 1989. Encre de Chine aquarellée sur paperasse italienne de 1879. Composition pour le programme des derniers concerts de Daniel Barenboïm à la tête de l'Orchestre de Paris, salle Pleyel, les 7, 8 et 10 juin 1989 (Verdi, *Messa da Requiem*). (Archives Orchestre de Paris.)

ouvert aux trois associations parisiennes, enfin les autres – et non des moindres puisque parmi eux figure Luben Yordanoff, premier violon solo – furent recrutés à la suite d'un concours ouvert à tous les musiciens français et étrangers.

Trois principes furent posés dans les statuts de l'Orchestre et les conditions de travail des musiciens : l'autorité du directeur de l'Orchestre, l'institution de contrôles périodiques de fonction garantissant le maintien de la qualité et l'exclusivité des musiciens tout au long de leur contrat. »

Avec la création de l'Orchestre de Paris, dont les statuts changeront peu entre 1967 et aujourd'hui, les musiciens perdent certes leur statut associatif, mais gagnent la sécurité de l'emploi en devenant salariés. Leurs conditions de travail sont entièrement nouvelles dans le monde musical français : elles prévoient, dans les premiers temps, un minimum de cinq répétitions par programme, chacun donné à quatre ou cinq reprises. Le répertoire s'ouvre, plus largement, à des œuvres dont on ne sait pas si elles rencontreront l'approbation du public et qui peuvent donc faire baisser les recettes. D'un autre côté, la renommée internationale de l'Orchestre est assurée par une politique de tournées et d'enregistrements.

En dehors de l'obligation d'exclusivité (c'est-à-dire l'interdiction d'appartenir à un autre orchestre), les musiciens acceptent le principe d'un contrôle régulier, destiné à maintenir l'orchestre au plus haut niveau de qualité.

La tutelle de l'Orchestre est à partir de 1967 partagée entre le ministère de la Culture et la Ville de Paris, mais exercée en fait par le président du nouvel orchestre, Marcel Landowski, jusqu'à ce que ce dernier quitte

L'Orchestre de Paris sous la direction de Daniel Barenboïm et Semyon Bychkov au Panthéon le 21 mai 1981 pour l'intronisation de François Mitterrand, président de la République.

Michel Granger.
Affiche célébrant
le 20ᵉ anniversaire
de l'Orchestre
de Paris, 1987.
(Archives Orchestre
de Paris.)

N° 10 - SEPTEMBRE - OCTOBRE - NOVEMBRE 1997

L'ORCHESTRE DE PARIS
fête ses 30 ans

SEMYON BYCHKOV
Directeur musical

Jean-Jacques Sempé.
Dessin pour le
30e anniversaire de
l'Orchestre de Paris :
« L'Orchestre de Paris
fête ses 30 ans. »
Couverture
du numéro 10 de
L'Orchestre de Paris,
septembre-octobre-
novembre 1997.
(Archives Orchestre
de Paris.)

Visuel fabriqué
pour le chef
d'orchestre Semyon
Bychkov, 1989.
(Archives Orchestre
de Paris.)

la direction de la Musique, en 1975. Jean Maheu, Jacques Charpentier et Maurice Fleuret seront les présidents successifs jusqu'à ce que de nouveaux statuts, en 1985, confient au conseil d'administration la responsabilité de choisir le président parmi ses membres. Alain Trapenard (1985-1989), Michel Prada (1989-2001), Pierre Joxe (depuis 2001) se succéderont dans cette fonction.

L'accroissement des activités dû au nouveau statut de l'orchestre amène bientôt aussi des changements dans son administration. Un administrateur (ou directeur) général est maintenant nécessaire, aux côtés du directeur musical. Jean-Pierre Guillard, administrateur général (1975-1982), Bruno Brochier, administrateur général (1982-1986), Pierre Vozlinsky, directeur général (1986-disparu en 1994), Stéphane Lissner, directeur général (1994-1996) et Georges-François Hirsch, directeur général (depuis juin 1996) occupent successivement ce poste. Avec ce dernier sont menées plusieurs réflexions sur l'évolution de l'orchestre aujourd'hui, notamment sur les formes que peut prendre le concert devant les exigences changeantes du public : concerts en petites formations, concerts avec mises en scène, « spatialisés », qui seront notamment mis en place au Théâtre Mogador entre 2002 et 2006, et bien sûr un intérêt accru en direction du public scolaire, que Pierre Vozlinsky avait déjà manifesté en créant, en 1990, les concerts pour le jeune public au Théâtre du Châtelet.

Une nouvelle organisation de l'encadrement de l'Orchestre de Paris est également adoptée pendant la saison 1996-1997, à l'instigation du directeur général Georges-François Hirsch. Cinq départements sont créés, le secrétaire général étant chargé de l'ensemble des questions transversales : relations avec les musiciens et leurs représentants, établissement des contrats et conventions d'exploitation avec les partenaires extérieurs de l'Orchestre, établissement du budget, ou encore suivi de la politique de communication. Le département « programmation » prend contact avec les artistes pressentis pour les saisons futures et élabore le planning artistique. Le nouveau département « production » répond à la volonté de mieux maîtriser le montant de l'enveloppe artistique : il gère l'ensemble des négociations financières concernant les concerts extérieurs et les tournées de l'Orchestre ou du chœur. Le département technique (aujourd'hui « production et diffusion ») s'occupe de la production et de la régie du matériel. Il met en œuvre une politique de moyens artistiques, humains et matériels permettant la réalisation de la saison symphonique et des productions lyriques, mais également des concerts extérieurs et des tournées. Le département « communication » (aujourd'hui « marketing et mécénat ») représente l'innovation majeure, avec le recrutement d'un directeur de la communication et d'un responsable des publications promotionnelles. Le département « comptabilité » gère l'ensemble des tâches relevant du service comptable. La bibliothèque enfin, si capitale pour la bonne marche d'un orchestre, a également son service.

En mai 2003 a été créée l'Amicale de l'Orchestre de Paris, à l'initiative de l'altiste Françoise Douchet et d'une équipe de musiciens de l'Orchestre. Grâce aux divers types d'activités qu'elle propose, cette association permet aux musiciens de conserver des liens forts avec leurs collègues, même après avoir cessé leur activité. Le président de l'Amicale est Dominique Richard, la secrétaire Françoise Douchet, tous deux altistes ; le président d'honneur, le compositeur Henri Dutilleux.

Enfin, le Cercle de l'Orchestre de Paris (dont François Essig fut président entre 1981 et 1994, Jean-Marie Messier, président entre 1994 et 2004, Nicole Salinger, secrétaire générale entre 1981 et 2001), aujourd'hui présidé par Louis Schweitzer, depuis 2006, est une association qui réunit les mélomanes et les entreprises qui souhaitent « soutenir l'Orchestre de Paris dans l'ensemble de sa politique culturelle et contribuer à son rayonnement en France et à l'étranger ».

À GAUCHE
Portrait de
Pierre Vozlinsky,
directeur général de
l'Orchestre de Paris,
dans son bureau.
11 juillet 1993.

Georges-François
Hirsch, actuel directeur
général de l'Orchestre
de Paris.

LA VIE DE L'ORCHESTRE

Tournée de l'Orchestre
de Paris en Autriche,
1994. Répétition
sous la direction
de Semyon Bychkov
à la cathédrale de Linz.

La vie de l'orchestre

Musiciens et directeurs musicaux

DOUBLE PAGE PRÉCÉDENTE

Charles Münch
et l'Orchestre de Paris.
Répétition au Théâtre
de la Gaîté-Lyrique,
20 octobre 1967.
Luben Yordanoff,
premier violon.

Société des concerts.
Relevé général des
recettes et dépenses
des six concerts
donnés pendant
les mois de mars, avril
et mai 1828. Paris,
13 octobre 1828.
Manuscrit.
(Paris, BNF, Musique.).

Fondements et composition
de la Société des concerts

La nouvelle formation qui se présente devant le public pour la première fois, à 14 heures, le dimanche 9 mars 1828, est une association composée des professeurs du Conservatoire et de leurs meilleurs élèves, 80 instrumentistes et 80 chanteurs – quelque 160 musiciens en tout. Le programme, moderne à tous égards, commence avec une œuvre révélatrice de la mission dont la Société se sent investie : la *Symphonie héroïque* de Ludwig van Beethoven, jusqu'alors jamais entendue en France – du moins le croyait-on. Les sœurs Maillard, Nélia et Caroline, élèves au Conservatoire, interprètent des extraits d'opéras de Rossini. Joseph Meifred, dans une de ses compositions, fait connaître au public le cor à pistons, à la conception duquel il a contribué. Eugène Sauzay, premier prix de violon issu de la classe de Pierre Baillot, joue un concerto de Pierre Rode. Le concert se termine avec trois pièces composées par le directeur du Conservatoire, Luigi Cherubini.

La réaction du public et de la presse est enthousiaste, et en l'espace d'une génération, la Société des concerts du Conservatoire va devenir l'un des grands ensembles philharmoniques du monde. Si l'on peut compter autour de 160 musiciens dans l'orchestre pour ces premiers concerts, la Société, telle que ses fondateurs (dont François Antoine Habeneck) l'ont créée, est en réalité constituée d'une centaine de membres : 112 ensuite,

120 en 1843. Le personnel supplémentaire requis pour un concert particulier est constitué de membres externes et d'aspirants. La composition de l'orchestre se différencie en fonction des chefs. Ainsi, Habeneck préférait un ensemble comportant 60 cordes (15-14-10-12-9)

Louis René Letronne.
Portrait de
Ludwig van Beethoven.
Crayon. 1821.
(Paris, BNF, Musique.)

Être nommé sociétaire aux Concerts du Conservatoire, pour un aspirant ou un récent lauréat de premier prix, c'était parvenir au sommet de la profession. Les sociétaires devaient avoir la nationalité française et être membres du Conservatoire, ou l'avoir été. L'exclusivité était requise : le sociétaire ne devait jouer dans aucune autre société de concerts durant la saison – en 1830, six concerts du dimanche, trois concerts spirituels et un concert extraordinaire ; en 1930-1931, vingt-deux concerts du dimanche et deux prestations en dehors de la ville. La rémunération était fondée sur la division des recettes annuelles, en prenant en compte le nombre de jetons de présence que chaque sociétaire avait obtenus pour ses prestations, soit une douzaine de francs par concert. La nomination en tant que sociétaire était en principe à vie.

Tous les instrumentistes ou presque occupaient aussi un poste dans l'un des orchestres de théâtre, dans lesquels ils jouaient à peu près deux cents fois par an (pour une somme annuelle d'environ 1 200 francs). Les instrumentistes à vent jouaient également dans des fanfares militaires, et les chanteurs se produisaient dans des compagnies théâtrales locales et des églises. Le violoniste Joseph Lecointe était receveur des postes, le ténor Arthur Jacquin dirigeait une compagnie d'assurances.

La plupart des chefs de pupitre, en revanche, étaient professeurs au Conservatoire, où ils mettaient en valeur le répertoire et rédigeaient d'importants traités et méthodes : la *Grande Méthode pour la clarinette à anneaux mobiles* (1844) de Hyacinthe Klosé, par exemple. Le corniste Louis François Dauprat et ses collègues popularisèrent les quintettes à vent d'Anton Reicha. Nombre de célèbres quatuors à cordes furent constitués des membres mêmes de la Société : ce fut le cas, entre autres, du Quatuor Baillot (Baillot, Vidal, Urhan, Norblin) et, plus tard, du Quatuor Calvet et du Quatuor Pascal. Ce sont eux qui firent connaître au public les quatuors de Beethoven (tout comme l'orchestre le fit pour les symphonies), puis ceux de Debussy et Ravel.

Les musiciens étaient assis par rang d'âge au sein de leur section, le membre le plus âgé remplissant la fonction de chef d'attaque dans les cordes, ou de premier solo dans les bois et les cuivres. Parfois un musicien vieillissant allait se placer à l'arrière de la section, laissant sa place à un musicien plus jeune privilégié par ses collègues. Parfois il changeait carrément

et environ une douzaine de bois et de cuivres. L'orchestre dirigé par Charles Münch, autour de 1940, comprenait généralement 87 musiciens : 56 cordes (14-14-10-10-8), les vents par 3, les cuivres par 4, 1 timbalier et 2 percussionnistes, 2 harpes, piano et orgue. Pour le chœur, le nombre jugé idéal était 72 : 32 sopranos I et II, 20 ténors I et II, 20 basses I et II. En tout, si on les additionne, 860 musiciens ont été membres de la Société des concerts entre 1828 et 1967.

de section et s'installait dans la section des altos, le chœur ou la percussion. Émile Schvartz fut quelque temps altiste, avant de devenir un maître de chœur reconnu. Le violoniste Jean Jacques Masset passa aux ténors en 1839 après des débuts réussis dans *La Reine d'un jour* d'Adolphe Adam, puis il remplit pendant plus de trois décennies la fonction de professeur de chant au Conservatoire.

Un aspect déterminant de la Société des concerts était son chœur, qui permettait de faire entendre des extraits et des tableaux d'opéras en vogue, de même que la *Neuvième Symphonie* et la *Missa solemnis* de Beethoven, plus tard les œuvres de Bach et de Haendel, et *Roméo et Juliette* de Berlioz. Parmi les chanteurs figuraient les sociétaires solistes, généralement premiers rôles à l'Opéra et à l'Opéra-Comique : Duprez, Nourrit, Mme Cinti-Damoreau, Mme Gras-Dorus et Mme Viardot. Les derniers membres du chœur furent nommés en juin 1914 ; le chœur fut progressivement dissous après la Première Guerre mondiale et remplacé par les chœurs Élisabeth Brasseur, puis la chorale Yvonne Gouverné, et enfin le chœur de l'Orchestre de Paris.

Après dix ans de service au moins, les membres sortants recevaient le titre de membres honoraires, ce qui leur donnait droit à des indemnités de retraite et à des places gratuites pour les concerts. La limite d'âge fut finalement établie à 60 ans, un sursis de trois ans étant fréquemment accordé. Les membres honoraires retraités depuis longtemps assistaient souvent aux assemblées générales ; ce fut le cas, par exemple, du violoniste Charles Dancla, que les comptes rendus d'assemblée décrivent comme un « octogénaire rempli d'une juvénile ardeur ».

Direction et répartition du travail des sociétaires

La direction de la société était confiée par l'assemblée générale à un comité d'administration composé de 8 membres : président, vice-président/chef d'orchestre, secrétaire, commissaire du personnel, commissaire du matériel, agent comptable, archiviste-caissier et membre adjoint. En vertu du précédent établi par Cherubini, le président de la Société des concerts était le directeur du Conservatoire (Auber, Thomas, Dubois, Fauré, etc.).

Le membre le plus important, cependant, le secrétaire (plus tard secrétaire général), administrateur en chef des activités quotidiennes de la société, tenait l'agenda et les procès-verbaux des assemblées, et fournissait, à la fin de chaque année, le rapport moral concernant le travail de la saison. Les secrétaires les plus influents firent autant pour façonner la Société des concerts que les chefs d'orchestre. Parmi les plus éminents figurent le corniste Meifred (sociétaire de 1828 à 1853), le violoncelliste Charles Lebouc (1856-1878, pour qui Saint-Saëns écrivit *Le Cygne*), l'altiste Alfred Viguier (1869-1887), le flûtiste Paul Taffanel (1875-1891, plus tard chef d'orchestre) et les violonistes Albert Seitz (1904-1926) et André Tracol (1913-1930).

Les sociétaires effectuaient l'essentiel du travail, bien qu'il y ait eu dès le début un garçon d'orchestre pour le Conservatoire et des employés pour la Salle des concerts, préposés à la vente de billets, au vestiaire, au placement des spectateurs, ainsi que d'autres employés, par exemple l'homme chargé d'apporter le bois de chauffage et les femmes qui remplissaient et allumaient les lampes à huile. Le célèbre luthier Charles François Gand et ses successeurs, Charles Eugène Gand et Gustave Bernardel, fournissaient les violoncelles, les contrebasses et certains archets. À partir des années 1830, la société était en relation

Société des concerts. Dépenses de 1849. On remarque la somme payée à l'éditeur Richault pour achat de musique, ainsi que celles versées à 24 enfants ayant chanté au service funèbre de François Antoine Habeneck et aux gardiens de Paris ayant fait un service d'ordre, pour la même cérémonie. (Paris, BNF, Musique.)

permanente avec un notaire, Mᵉ Florestan Bonnaire ; le plus pittoresque de ses successeurs fut Mᵉ Roger Hauert, collectionneur d'art, avocat célèbre d'artistes vedettes et photographe très actif.

En 1868, sur le conseil du chef Edme Marie Ernest Deldevez, hypocondriaque notoire, la Société des concerts s'adjoignit les services d'un médecin moyennant l'entrée gratuite aux concerts. Un assistant comptable et guichetier fut engagé en 1873. Par la suite, la charge de travail, de plus en plus lourde, fut assumée à la fois par des employés permanents et des agents extérieurs, comme le bureau de publicité, l'agent de change et les imprésarios parisiens – Kiesgen, Valmalète, etc. Les registres sociaux à partir des années 1940 mentionnent une équipe administrative à plein temps formée de trois personnes, avec à sa tête Yvette Paviot (1943-1961), puis Élisabeth Beurdouche.

Lignées et renommée des musiciens

En poursuivant leur carrière dans le milieu du Conservatoire, les sociétaires établirent une descendance impressionnante, tant sur le plan professionnel que familial. La lignée des violonistes, par exemple, remonte à Pierre Baillot, qui a joué un rôle fondamental au moment de la fondation. Les élèves de ses successeurs, Lambert Massart et Jean-Pierre Maurin, occupèrent la section des violons jusque tard dans le XXᵉ siècle. Parmi les premiers violons les plus remarquables, on compte Édouard Nadaud (sociétaire de 1884 à 1903), Alfred Brun (1887-1924), Henri Merckel (1929-1935)

et Pierre Nérini (1946-1967) : on peut les entendre tous les quatre dans des enregistrements de la Société des concerts. Il y eut au moins trois altistes légendaires : Chrétien Urhan (sociétaire de 1828 à 1845), qui joua en qualité de soliste lors de la première de *Harold en Italie* de Berlioz et des *Huguenots* de Meyerbeer, Théophile Édouard Laforge (1887-1895) et l'illustre Maurice Vieux (1906-1920). Louis Bailly fut sociétaire quelque temps (1907-1912), avant de devenir professeur au Curtis Institute of Music de Philadelphie, où il forma l'école américaine moderne d'alto.

Parmi les violoncellistes, citons Louis Pierre Norblin (sociétaire de 1828 à 1847), du Quatuor Baillot, Auguste Franchomme (1828-1869), Alexandre Chevillard (1830-1869), Charles Vaslin (1828-1846), Hippolyte Rabaud (1868-1898), Célestin Ernest Cros-Saint-Ange (1882-1906) et Auguste Cruque (1925-1952). Maurice Maréchal fut membre de la Société des concerts pendant quelques saisons (1921-1924) et Paul Tortelier joua comme premier violoncelle solo pendant une saison (1946-1947).

Les cordes eurent de superbes instruments à leur disposition. Une douzaine de violons ou de violoncelles Stradivarius portent les noms des sociétaires, depuis Habeneck, Delphin Alard et Dancla jusqu'à Jules Garcin, Charles Lamoureux et Charles Münch en personne. On trouvait aussi une demi-douzaine d'instruments Vuillaume dans l'Orchestre de Paris à sa création.

Aucune lignée n'est aussi remarquable que celle des flûtistes descendant de Jean Louis Tulou, « incontestablement le plus habile flûtiste de France, selon François

Joseph Fétis dans la *Biographie universelle des musiciens et bibliographie générale de la musique* (1866-1868), et vraisemblablement de toute l'Europe ».Tulou et ses successeurs conçurent, puis rédigèrent des ouvrages sur la technique moderne de la flûte, par exemple la *Méthode complète de flûte* de Paul Taffanel et Philippe Gaubert (1923). Quatre d'entre eux, Taffanel (sociétaire de 1867 à 1901), Adolphe Hennebains (1893-1913), Philippe Gaubert (1901-1938) et Marcel Moyse (1920-1938), devinrent des virtuoses vedettes de la flûte ; deux, Taffanel et Gaubert, occupèrent la fonction de chef d'orchestre de la Société des concerts. Dans la section originelle des flûtes de l'orchestre, Tulou et Louis Dorus étaient secondés par un joueur de piccolo, Louis Leplus (1835-1866), gendre d'Habeneck.

Selon une remarque de Münch, « les hautboïstes [français] surtout sont recherchés comme les grands crus de la Bourgogne ou du Bordelais[9] ». Leur lignée commença avec Gustave Vogt, qui avait participé à la bataille d'Austerlitz et qui était l'un des rares sociétaires, à part Cherubini, à avoir rencontré Haydn et Beethoven. Parmi ses successeurs figuraient Charles Triébert (sociétaire de 1853 à 1867), d'une éminente famille de facteurs d'instruments à vent, Georges Gillet (1877-1900), Louis Bleuzet (1901-1938) et Robert Casier (1958-1967). Klosé entra dans la section des clarinettes en 1843 ; son successeur Cyrille Rose (1857-1887) popularisa les concertos de Carl Maria von Weber en France. Parmi les bassonistes, Eugène Jancourt (1843-1869) fut un pionnier dans le domaine des bassons à système français et l'auteur d'une *Grande Méthode théorique et pratique* (1847), encore largement utilisée. La Société au XXᵉ siècle eut l'honneur de compter parmi ses membres François et Fernand Oubradous (1920-1936, 1928-1942). Oubradous fils est l'auteur de l'*Enseignement complet du basson* (1939) et joua un rôle majeur dans la fondation de la Société des instruments à vent.

Ce fut principalement le grand corniste Joseph Meifred qui fonda l'école moderne de cor à pistons. Pour son interprétation caractéristique de l'ouverture du *Jeune Henri* d'Étienne Méhul, l'orchestre utilisait 12 cors, plus tard 16, et c'est grâce aux élèves de Meifred que cela fut possible. Meifred, qui avait été secrétaire de l'impératrice Joséphine, musicien dans une fanfare, enseignant, journaliste, chroniqueur et administrateur pendant vingt-cinq ans de la Société des concerts, est le plus important des membres fondateurs après Habeneck. Parmi les autres cornistes virtuoses figuraient

Joseph François Rousselot (sociétaire de 1828 à 1867), Louis Vuillermoz (1894-1904 et 1925-1935) et Lucien Thévet (1939-1967), qui élabora un style de vibrato souvent entendu dans des œuvres comme la *Pavane pour une infante défunte* de Ravel. Le trompettiste et membre fondateur François Dauverné venait d'une dynastie de musiciens de fanfare. Le trompettiste le plus important fut Xavier Napoléon Teste (1875-1896), le premier à maîtriser le jeu intense requis pour le répertoire Bach-Haendel en vogue dans les années 1880, admiré notamment pour l'« éclat fulgurant » avec lequel il jouait la *Messe en si mineur* : « Non pas la Trompette de la renommée mais le renommé des Trompettes », comme l'indique le rapport moral du 30 mai 1896. Un seul tromboniste fut sociétaire à part entière dans les premières années, Antoine Dieppo (1838-1867) ; son successeur le plus illustre fut Raphaël Delbos (1914-1941). Un poste permanent de tubiste fut créé en 1908 et fonda une autre lignée impressionnante : Joseph Brousse (1909-1924), Louis Appaire (1925-1935), Arthur Pavoni (1936-1962) et Fernand Lelong (1964-dissolution). Le timbalier membre fondateur Jean Madeleine Schneitzhoeffer était un favori de Berlioz et d'autres. Au nombre de ses successeurs figurent Joseph Baggers (membre externe), premier professeur de timbale au Conservatoire, et Félix Passerone (1936-1954).

Des dizaines de chefs d'orchestre – grands virtuoses, petits chefs et chefs de chœur – passèrent par la Société des concerts. Les successeurs d'Habeneck, Girard et Tilmant, avaient été membres fondateurs ; Deldevez, Garcin, Taffanel et Gaubert furent tous seconds chefs d'orchestre avant d'être élus premiers chefs. La Société des concerts constituait aussi un terrain d'essai pour des seconds chefs qui partaient occuper ailleurs des fonctions plus élevées. Lamoureux fut longtemps membre de l'orchestre (1863-1877), Édouard Colonne fut brièvement « aspirant en cas[10] ». Ernest Altès, Désiré Thibault et Jules Danbé devinrent tous de grands chefs. Parmi les chefs importants du XXᵉ siècle qui jouèrent dans l'orchestre au début de leur carrière, on peut citer Robert Siohan (altiste),

---

9. Charles Münch, *Je suis chef d'orchestre,* Paris, Éditions du Conquistador, 1954, p. 96.
10. La plupart des sociétaires entraient à la Société comme « aspirants ». Les instrumentistes qualifiés étaient d'abord placés sur une liste d'« aspirants en cas », que l'on appelait pour des remplacements d'urgence. S'il se produisait durant toute la saison, le musicien avait le titre d'« aspirant actif ».

Eugène Bigot, Jean Martinon (« aspirant en cas » du temps de Münch), Serge Baudo (percussionniste), Jacques Bazire et le hautboïste Jean-Claude Malgoire, fondateur de La Grande Écurie et la Chambre du Roy.

Transmission et continuité

Les dons musicaux semblent être de famille. La mention « père et fils » est fréquente dans les registres, tout comme celle d'« aîné et jeune », utilisée pour deux frères, deux cousins, ou un oncle et son neveu. Les frères Dancla, par exemple – Charles (violon, 1817-1907), Arnaud (violoncelle, 1819-1862) et Léopold (violon, 1822-1895), appelés respectivement aîné, cadet et jeune –, étaient tous venus de Bagnères-de-Bigorre pour étudier au Conservatoire. Chacun d'eux remporta un premier prix et mena une carrière importante à Paris. Charles Dancla, second Grand Prix de Rome 1838, joua à l'Opéra-Comique, puis quitta Paris en 1848 pour travailler dans un bureau de poste de province jusqu'à sa nomination tardive en 1855 comme professeur de violon au Conservatoire ; Arnaud devint premier violoncelle à l'Opéra-Comique et écrivit une méthode fameuse ; Léopold, qui remporta des premiers prix de cor (en tant qu'élève de Meifred) et de violon (en tant qu'élève de Baillot), jouait tantôt du cor dans les fanfares, tantôt du violon dans les orchestres de théâtre. Charles et Léopold travaillèrent ensemble plusieurs fois dans les années 1840, dans un *Duo concertant* et une *Symphonie concertante* populaire composés par l'aîné. Arnaud, le violoncelliste, mourut jeune au terme d'une longue maladie.

Au XIXᵉ siècle, la plus importante dynastie d'instrumentistes à cordes fut celle des Tolbecque, au XXᵉ siècle, celle des Benedetti. Des quatre frères Tolbecque venus de leur ville natale, près de Namur, à Paris, trois – l'altiste et violoniste Jean-Baptiste Joseph et les violonistes Auguste et Charles – s'illustrèrent à la Société des concerts ; Baptiste et Charles furent membres fondateurs. Auguste Tolbecque fils naquit à Paris et, en tant qu'élève de Vaslin, remporta le premier prix de violoncelle en 1849. Après une brillante carrière à Marseille, il revint à Paris en 1871 pour devenir membre des Quatuors Lamoureux et Maurin et pour jouer à la Société des concerts, mais démissionna cinq saisons plus tard afin d'établir sa célèbre lutherie à Niort. Là, pendant plus de quarante ans, il fabriqua des violons et restaura amoureusement des instruments à cordes anciens. Au total, six Benedetti

passèrent par la Société des concerts : deux frères et un cousin (les violonistes Marcel, Paul et Robert), tous de Toulon, et leurs fils nés à Paris. Charles Benedetti pratiqua l'alto quelque temps, et le célèbre violoniste virtuose René Benedetti joua dans l'orchestre au moins en tant qu'élève. Le violoncelliste René-Michel, nommé en 1965, fit partie de l'une des dernières classes de sociétaires. Trois Benedetti (Paul, Marcel et René-Michel) figuraient sur la liste des membres au moment de la dissolution en 1967.

La liste des familles est longue, des demoiselles Maillard – Nélia, Hortense et Caroline –, qui se produisirent devant le public pour le premier concert de la Société, aux trois ténors Antoine, Louis Antoine et Charles Marie Ponchard (apparemment père, fils et petit-fils) et aux frères Louis Stanislas et Charles Joseph Verroust (hautbois et basson), Henri et Lucien Pickett (contrebasse ; Lucien Pickett se faisait appeler Gasparini), Edmond et Ferdinand Dubois (trompette), Charles et Alfred Turban (clarinette, violon), Élias Isaac et Abraham Isaac Marx (violoncelle) et Alfred et Léon Zighéra (violoncelle, violon ; un troisième Zighéra, Bernard, harpiste, joua finalement dans le Boston Symphony Orchestra). Les frères Alloud, trombonistes, qui avaient pris le nom d'Allard, venaient de Porto Rico et entrèrent au Conservatoire dans les années 1870 ; ils furent élus membres en même temps, en décembre 1886, après avoir été naturalisés français. Auguste resta en fonction six ans avant de mourir, tandis que Louis – qui avait le nom le plus long sur les listes : Louis Philippe César Auguste Frédéric Victor Oscar – resta vingt-six ans et prit sa retraite à 60 ans en 1912. La section des bassons comporta trois « couples » père-fils : Léon et Louis Letellier, Lucien (père et fils) Jacot, François et Fernand Oubradous, et le bassoniste Antoine Nicolas Henry, membre fondateur, était le père de la talentueuse soprano Laure Henry. Le trompettiste David Buhl, compositeur des sonneries de trompette toujours en vigueur dans l'armée française, était l'oncle du trompettiste encore plus renommé François Dauverné.

Henri Rabaud, qui n'était pas membre de la Société, mais directeur du Conservatoire et, à ce titre, président de la Société des concerts, fut peut-être celui qui avait l'ascendance la plus prestigieuse. Son père était le fameux violoncelliste Hippolyte Rabaud, membre de la Société ; son grand-père maternel était Louis Dorus, le célèbre flûtiste, dont la sœur était la grande chanteuse Julie Gras-Dorus, mariée au violoniste et membre fondateur Victor Gras.

François Antoine Habeneck (1828-1848)
Narcisse Girard (1849-1860)
Théophile Tilmant, aîné (1860-1863)
François George Hainl (1864-1872)

Pendant la première période, il y eut avant tout Beethoven, que les musiciens et leurs chefs apprirent avec une méthode et une rigueur sans précédent. Il fallut quelques saisons – les années militantes, selon la formule de Sauzay – pour que les musiciens et le public assimilent leurs découvertes, qu'ils dévoraient au fil des semaines dans une atmosphère d'excitation elle aussi sans précédent. Dès les premières saisons, Habeneck, pressentant que la passion pour Beethoven finirait par se calmer, mit l'accent sur une série de mesures destinées à renouveler les programmes et à encourager le développement d'une école symphonique nationale. La principale de ces mesures fut la mise en place des « répétitions d'essai », par lesquelles l'orchestre vérifiait le bien-fondé de la programmation d'une œuvre nouvelle. Un important corpus de musiques nouvelles, parmi lesquelles les plus récentes compositions de Felix Mendelssohn et de Richard Wagner, faisait l'objet de répétitions assidues. Mendelssohn en vint bientôt à partager avec Beethoven une place prééminente dans la programmation.

Les successeurs d'Habeneck se contentèrent dans l'ensemble de ce répertoire, satisfaits qu'ils étaient de cultiver l'idée – également acceptée par la clientèle élitiste de la Société – que l'arrivée d'une œuvre dans la Salle des concerts équivalait à sa canonisation. Comme le raconte Elwart dans son ouvrage sur la Société, l'impératrice Eugénie, épouse de Napoléon III, ne trouvant le nom que d'un seul compositeur vivant, Rossini, sur le programme un dimanche, demanda à Girard : « Vous ne jouez donc que des compositions d'auteurs morts dans vos beaux concerts du Conservatoire ? – Madame, répondit le spirituel artiste en s'inclinant, le répertoire de notre Société est le musée du Louvre de l'art musical. » Telle était la particularité de la Société des concerts, utilisée par Napoléon III et l'impératrice pour illustrer la culture française devant les hôtes les plus distingués de la nation.

Malgré son succès considérable lors des premières saisons, la période qui suivit son inauguration se concentra avant tout sur la mise en place de mesures qui assureraient la pérennité de la nouvelle institution. Avant même la troisième saison, sa stabilité fut menacée par l'approche de la révolution de juillet 1830, et pendant les trois saisons suivantes, les crises se succédèrent. La dissolution de la Société fut évitée de justesse au moins deux fois. Quand il vint à Paris avec l'espoir que son œuvre serait jouée aux concerts de 1832, Mendelssohn se heurta aux complexités de la restructuration institutionnelle et découvrit que l'intégralité de la saison était remise en cause.

La permanence existait ailleurs. Les musiciens, parmi lesquels un grand nombre de membres fondateurs, étaient passionnés par leur travail et renouvelaient volontairement leur lien avec l'orchestre, mettant ainsi en place la tradition du sociétariat à vie. Tout porte à croire que le public se montrait aussi fidèle. Dix ans après sa création, presque tout ce qui concernait la Société semblait fixe et immuable : budget, répertoire, public. Bientôt les esprits critiques commencèrent à pressentir plus d'un signe de stagnation dans les choix esthétiques.

En l'espace de deux décennies, la première génération avait manifestement commencé à perdre de son aura, soulevant pour la première fois les nombreuses questions de succession qui allaient bientôt éclater au grand jour – les successions de Cherubini et d'Habeneck en particulier –, mais aussi des interrogations sur la manière d'établir la préséance au sein

Portrait de François Antoine Habeneck. Médaillon extrait du programme du Conservatoire national de musique, Société des concerts, 31 janvier 1932. (Paris, BNF, Musique.)

Portrait du chef d'orchestre Narcisse Girard, 1860. Gravure sur bois d'après une photographie de 1846. (Paris, BNF, Musique.)

de l'orchestre et le règlement des cotisations. L'âge de la retraite pour les chanteurs et les musiciens était très discuté, de même que la situation financière des sociétaires retraités et, après leur mort, celle des veuves et des orphelins.

Les années 1860 confirmèrent que la période inaugurale touchait à sa fin. Les Concerts Pasdeloup, qui avaient commencé en 1861 – la première entreprise à faire sérieusement concurrence à la Société –, amenèrent à repenser fondamentalement les principes économiques et sociaux des concerts publics de musique classique. La rénovation de la Salle des concerts effaça les traces de ce qui la rattachait visuellement à l'époque de sa fondation : l'installation de grandes orgues témoignait de nouvelles orientations dans le domaine de la composition et d'un intérêt croissant pour la musique baroque. Les préparatifs de l'Exposition universelle de 1867 contribuèrent à redéfinir la politique de la musique de concert en tant qu'instrument de la grandeur de la nation. Entre-temps, les statuts de la Société, son code de conduite et son identité avaient figé l'institution en l'assimilant à la personne d'Habeneck. Les événements dramatiques de 1870-1871 mirent sérieusement à l'épreuve ce *statu quo*.

Portrait charge
du chef d'orchestre
François George Hainl.
Gravure sur bois de
A. Lemot. [Août 1868.]
(Paris, BNF, Musique.)

1872-1919

Edme Marie Ernest Deldevez (1872-1885)
Jules Garcin (1885-1892)
Paul Taffanel (1893-1901)
Georges Murty (1901-1908)
André Messager (1908-1919)

Si aujourd'hui Deldevez a perdu de sa stature de chef d'orchestre, en comparaison de l'attention qui s'est portée naturellement sur le fondateur Habeneck et sur les vedettes du XXᵉ siècle, il est d'autant plus important de souligner la place essentielle qu'il a occupée à son époque. Musicien accompli et compositeur non négligeable, Deldevez était aussi un sage. Sa stratégie – garder le juste milieu – était, sinon particulièrement audacieuse, du moins réalisable. À première vue, sa manière d'aborder la programmation semble le plus souvent viser la satisfaction du public. Pourtant les portes s'ouvrirent peu à peu, d'abord avec Bach et Haendel, puis Berlioz,

et plus tard avec le prix Rossini[11] pour les jeunes compositeurs. Deldevez prépara le terrain pour les quatre productions déterminantes de ses successeurs immédiats : la *Missa solemnis* de Beethoven, la *Symphonie en ré mineur* de César Franck, la *Messe en si mineur* de Jean Sébastien Bach et *Roméo et Juliette* de Berlioz.

La Société des concerts s'adapta assez facilement au changement radical de la situation économique et sociale des institutions musicales. Le Syndicat des artistes musiciens de Paris (SAMUP) et la société de répartition des droits d'auteur (SACEM, Société des auteurs, compositeurs et éditeurs de musique) commencèrent à dicter des changements majeurs dans la politique interne. L'organisation de concerts se fit alors dans un esprit très compétitif, non seulement pour les « quatre associations » – les concerts Colonne, Lamoureux, Pasdeloup et du Conservatoire – mais aussi pour les

---

11. Destiné à de jeunes compositeurs et librettistes, ce prix avait été fondé, selon la volonté de Rossini, après la mort de sa veuve en 1878. La Société y participa (répétitions et concerts) entre 1885 et 1911.

BENQUE & Co.   33. RUE BOISSY D'ANGLAS.   PARIS

Portrait du
chef d'orchestre
Paul Taffanel.
Photographie Benque
et Cie. Vers 1892.
(Paris, BNF, Musique.)

À DROITE
Portrait du
chef d'orchestre
Georges Marty.
Photographie.
Vers 1890.
(Paris, BNF, Musique.)

quelques sociétés nouvellement constituées, dans une atmosphère de nationalisme marqué, aux fins de promouvoir la nouvelle musique française.

L'époque de Garcin, Taffanel et Marty (1885-1908) fut la dernière période de calme politique et économique durable que devait connaître la Société des concerts. Jamais depuis les années 1830 la musique et les autres arts n'avaient été aussi florissants à Paris. L'effervescence intellectuelle fin de siècle et l'exubérance des arts décoratifs de la Belle Époque exercèrent une action particulièrement stimulante, même pour une association aussi attachée à la tradition que la Société des concerts. Pour les musiciens de l'orchestre, la prospérité signifiait avant tout l'absence de crise et le luxe – qui allait de pair – de pouvoir apprécier leur métier en se considérant,

du fait de leurs interprétations peaufinées depuis longtemps, comme les garants des grands classiques. Mais cela les encourageait aussi à prendre le risque de l'inconnu plus systématiquement qu'avant.

Et il ne manquait pas de belle musique moderne à explorer. La Société des concerts vit sa mission se transformer et ses perspectives s'améliorer. Elle devint en effet le phare de l'école nationale française et, au fur et à mesure que la situation politique se détériorait en Europe de l'Ouest, un organe important dans l'effort de propagande officielle pour promouvoir la supériorité de la culture française. Même si la prise de fonction de Garcin commença sans enthousiasme particulier, il donna une nouvelle orientation passionnante qui laissait loin derrière elle la conception ancienne du

« Louvre de l'art musical ». Garcin traça les lignes d'une stratégie d'avenir en soutenant des œuvres d'envergure que seule la Société des concerts était capable de donner.

Avec Messager, fortement engagé dans la musique nouvelle, en particulier celle de Debussy, la Société trouva aussi un équilibre acceptable entre la vénération du passé et la pleine adhésion à la musique du présent : on ne pouvait plus l'accuser d'être rétrograde ni d'aborder la modernité en dilettante. En tant qu'entreprise, grâce notamment à l'administration de Taffanel, la société demeura en excellente forme. On vit apparaître des imprésarios, capables de négocier, mieux que les musiciens eux-mêmes, les accords complexes nécessaires pour s'assurer la jouissance de nouveaux lieux et le concours des meilleurs solistes. La mesure la plus importante prise par la Société des concerts au XXᵉ siècle fut ce qui devint rapidement un programme florissant de tournées qui lui permit d'atteindre un nouveau public, très large. Même si le prix à payer, très lourd, fut d'abandonner son chœur, l'expérience de l'orchestre en tournée lui permit de sortir glorieusement de la Première Guerre mondiale. Au moment de l'armistice, l'orchestre effectuait une tournée triomphale aux États-Unis.

1919-1967

Philippe Gaubert (1919-1938)
Charles Münch (1938-1946)
André Cluytens (1946-1960)

Trois évolutions majeures marquent les dernières décennies de l'existence de la Société des concerts : les enregistrements, la radiodiffusion et l'hégémonie d'un système de vedettes. Des trois, la première est, bien sûr, celle qui nous permet aujourd'hui de connaître le mieux la Société des concerts « moderne ». Mais à l'époque, le maestro et le soliste vedette exercèrent l'influence de loin la plus importante sur l'orchestre – une influence entretenue, naturellement, par la radio et le disque. Nous entrons dans l'ère des « grands chefs », Arturo Toscanini, Leopold Stokowski et Serge Koussevitzky aux États-Unis, mais, de manière encore plus significative, des Berlinois de la République de Weimar, alors à l'apogée de leur puissance : Wilhelm Furtwängler, Otto Klemperer, Erich Kleiber et Bruno Walter. Tous étaient connus à Paris, par leurs tournées ou par les médias. L'association qui se fit dans les esprits, à partir de 1928, de Walter avec Paris et la Société des concerts (à la tête de laquelle

À GAUCHE
Caricature du chef d'orchestre et compositeur André Messager par Gabriel Fauré. Dessin à la plume. Vers 1900. (Paris, BNF, Musique.)

Portrait du chef d'orchestre Philippe Gaubert. Photographie. Vers 1935. (Paris, BNF, Musique.)

Théâtre des Champs-Élysées. Commémoration du centenaire de la première exécution de la *Neuvième Symphonie*, Vienne, 7 mai 1824. Cycle Beethoven donné par Walter Damrosch, (chef d'orchestre de la Symphony Society de New York) avec la Société des concerts du Conservatoire, pour la Maison de retraite des Anciens élèves du Conservatoire de Paris. Avec le concours de John Mc Cormack. Programme. Six concerts historiques, 29 avril, 6, 13, 20, 27 mai et 3 juin 1924. (Paris, BNF, Musique.)

XIIe Concert de la presse avec la Société des concerts du Conservatoire sous la direction de Philippe Gaubert, lundi 1er février 1932. Opéra, Grand Théâtre de Lyon. Programme. (Paris, BNF, Musique.)

sous la direction de Piero Coppola jusqu'aux enregistrements stéréophoniques à juste titre célèbres du milieu des années 1960 (Cluytens / EMI). Avant que n'éclate la Seconde Guerre mondiale, la plupart des éléments qui allaient amener à un engagement exclusif annuel des musiciens étaient déjà en place, ainsi que la promesse d'un transfert définitif au Théâtre des Champs-Élysées.

Charles Münch et son secrétaire général Jean Savoye dirigèrent la Société des concerts pendant la Seconde Guerre mondiale avec une diplomatie remarquable, compte tenu des circonstances. Une activité soutenue de concerts fut assurée pendant toute l'Occupation grâce à des tactiques subtiles. Münch lui-même, malgré une forte opposition de la part de Savoye, satisfaisait son intérêt personnel pour la musique nouvelle, et notamment celle de Guy Ropartz et d'Arthur Honegger, insufflant à des œuvres comme *Jeanne au bûcher* des accents patriotiques dans un pays envahi. Les conditions de vie difficiles de la guerre n'empêchèrent pas une forte implication dans la musique contemporaine.

il donna un festival Mozart), suivant de près l'organisation des Concerts Koussevitzky (qui, selon le critique musical américain Virgil Thomson, était à peu de chose près le meilleur orchestre de Paris), montra au public quelle influence un grand chef pouvait avoir sur l'interprétation orchestrale.

Ce ne sont que les indices les plus palpables de changements plus importants. Après la Première Guerre mondiale, il devint nécessaire d'expérimenter des solutions qui permettraient de franchir un pas décisif en engageant des chefs invités, et finalement des chefs étrangers. L'admission payante aux générales du samedi matin amena un nouveau type de public et, de manière inattendue, une source de revenus très appréciable. La sponsorisation de concert par un imprésario devint chose courante, entraînant de multiples expériences dans des lieux autres que la salle des concerts du Conservatoire. Les concerts extérieurs augmentèrent également les bénéfices tout comme les enregistrements, depuis la séric historique des premiers 78 tours

Dans l'immédiat après-guerre, la programmation de ce répertoire devint une condition toujours plus impérieuse pour obtenir les subventions de l'État.

Münch et Cluytens cherchèrent tous deux à devenir des maestros. Pour l'un comme pour l'autre, cela signifiait rompre les anciens contrats qui les liaient à la Société des concerts, restreignaient leurs choix artistiques et limitaient leur disponibilité vis-à-vis du vaste public étranger. Les deux épisodes furent douloureux et, après Cluytens, le poste de chef d'orchestre resta vacant. Dans les années 1960, l'idée se répand d'une Société des concerts, entreprise sous-financée et de second ordre, incapable désormais de représenter le meilleur de la culture française à l'étranger. Puisque l'ambitieux programme culturel d'André Malraux prévoyait que Paris rivalisât avec Berlin, Londres et Vienne, il était donc nécessaire de constituer, d'une manière ou d'une autre, un Orchestre de Paris moderne et doté d'importants moyens financiers.

L'Orchestre de Paris / Société des concerts du Conservatoire fut en grande partie l'œuvre de Marcel Landowski, directeur de la Musique, de l'Art lyrique et de la Danse au ministère des Affaires culturelles, et de Raymond Gallois-Montbrun, directeur du Conservatoire. Malraux décréta que la musique était la priorité de son budget de 1968, et Landowski obtint des fonds suffisants pour garantir une subvention qui couvrirait la période entre le début de la saison 1967-1968 et la fin de l'année 1968. À long terme, l'État devait fournir 50 % de la subvention, la Ville de Paris 33 % et le conseil général de la Seine 17 %. Le texte soumis aux musiciens comportait trois points controversés : des réauditions de chaque membre devant un jury tous les quatre ans, avec une augmentation de salaire pour ceux qui étaient jugés dignes de continuer ; un décompte individuel de prestations, essentiellement pour tenir compte des petites répétitions ; et l'exclusivité, sauf pour enseigner et pour « circonstances atténuantes ».

La mesure en faveur de l'exclusivité se heurta à une forte opposition de la part des syndicats, en particulier des représentants des orchestres de théâtre et de l'ORTF. Ensemble, avec Georges Auric à leur tête, ils lancèrent une offensive pour anéantir le projet. Malraux, un moment inquiet, s'apaisa bientôt ; cela prit plus de temps pour Auric, qui était sincèrement persuadé que le but caché était de détruire l'orchestre de l'Opéra. La confrontation atteignit un point critique quand le syndicat décida d'empêcher les auditions pour le nouvel orchestre, mais en fait le nombre de personnes qui ne tinrent pas compte de cette décision fut suffisant pour faire échouer cette stratégie.

Il était vraiment nécessaire de sortir Münch de sa « retraite » de l'Orchestre symphonique de Boston. Naturellement il revint à Landowski de le persuader d'accepter ce nouvel engagement. Il était notoire que Münch éprouvait du ressentiment au sujet des circonstances de son départ en 1946. Après avoir fait appel à la nièce du musicien, la « délicieuse » pianiste Nicole Henriot pour préparer le terrain, Landowski alla trouver Münch dans sa propriété de Louveciennes pour lui présenter la proposition dans les termes les plus flatteurs, soulignant – ce qui était certainement le cas – que Münch était la seule personne en France capable d'accomplir cette tâche. Il laissa aussi clairement entendre que si Münch refusait ce poste, on le proposerait à Herbert von Karajan. Münch eut « ce sourire adorable […] et il [lui] répondit après un long silence – certainement riche de réflexions malicieuses – : "Si on allait boire un petit whisky !" Cela signifiait : J'accepte. Moi, j'étais heureux[12] ».

La Société des concerts fut dissoute le 21 juin 1967.

12. Marcel Landowski, *Batailles pour la musique*, 1979, p. 43.

Le chef d'orchestre André Cluytens. Octobre 1958.

Charles Münch
Strasbourg, 22 septembre 1891-Richmond, 6 novembre 1968
Chef d'orchestre de la Société des concerts du Conservatoire de 1938 à 1946,
puis directeur musical de l'Orchestre de Paris de 1967 à 1968

La carrière de Charles Münch a été entièrement consacrée à l'orchestre symphonique. Il devint chef d'orchestre à un âge relativement tardif, après avoir joué pendant une vingtaine d'années comme violoniste d'orchestre et violon solo. Il possédait donc une conscience aiguë de la structure et des visées d'un orchestre, de ce qu'il pouvait laisser à d'autres et de ce que lui seul pouvait prendre en charge ; la vie quotidienne des musiciens d'orchestre était pour lui une seconde nature. Son sens de la programmation était excellent, aussi bien pour les concerts de la saison que pour les concerts particuliers. À Paris et à Boston, quand Münch était là, il se passait toujours quelque chose dans la salle de concerts pour attirer l'attention et stimuler l'esprit. En se limitant lui-même, à de très rares exceptions près, à la salle de concerts, il pouvait se concentrer sur les priorités et la philosophie propres à ce lieu.

Pour Marcel Landowski, l'architecte de l'Orchestre de Paris : « Il était de ces hommes exceptionnels qui connaissent avant tout les voix du cœur, ce qui donnait à ses interlocuteurs l'impression que son discours était le reflet d'un chant intérieur. Son ambition en musique, c'est-à-dire celle de sa vie, était de faire percevoir par l'auditeur des échos du chant mystérieux qui se cache derrière la musique[1]. » À l'époque où ce que l'on pourrait appeler la « mystique Münch » avait rallié une communauté d'auditeurs, sa simple apparition sur la scène déclenchait une sorte de transe collective dans le public et le charme s'étendait aux musiciens, grâce à un sourire particulier qui traduisait à la fois un sentiment d'anticipation partagé, un contentement intérieur et un indéniable soupçon de connivence. Alors seulement la musique pouvait commencer.

Münch naît en 1891 et grandit dans un Strasbourg fin de siècle, situé au croisement des deux cultures les plus vivantes de son époque, où règne un appétit insatiable de musique classique. Ses parents, Ernest Münch (1859-1928) et Célestine Münch (1861-1942), née Simon, viennent tous deux de milieux cultivés. Ernest et son frère Eugène (généralement appelé « Münch de Mulhouse ») étaient d'importants organistes et chefs de chœur qui avaient étudié Bach avec Phillip Spitta à Berlin. Ernest Münch était une figure centrale du protestantisme alsacien, ainsi que du renouveau de la musique de Bach qui accompagna la publication des œuvres complètes de ce musicien par la Bach Gesellschaft.

Un événement déterminant dans l'enfance de Münch est l'arrivée à Strasbourg du jeune Albert Schweitzer, élève préféré de son oncle Eugène, pour étudier la théologie à l'université. Schweitzer, qui vient de terminer ses études musicales auprès de Charles Marie Widor à Paris, exerce sur le jeune Münch une influence capitale ; ils partagent les mêmes croyances fondamentales, aussi bien éthiques que spirituelles, durant soixante-dix ans d'une chaleureuse amitié.

Charles Münch commence à jouer avec l'orchestre municipal à l'âge de 14 ou 15 ans ; peu après, son frère aîné Fritz et lui se produisent dans la région en tant que solistes « *aus Strassburg* ». À 21 ans, Charles se rend à Paris pour suivre des cours de médecine et étudier le violon avec Lucien Capet ; il y passe la majeure partie des deux saisons 1912-1913 et 1913-1914. Il entre également dans le cercle du pasteur en retraite Édouard Maury – un groupe dont les intérêts portent sur la littérature, la musique, l'art et l'architecture, dans un contexte d'engagement pour l'égalité sociale et le progrès matériel. C'est là qu'il rencontre Geneviève (« Vivette ») Maury, jeune femme pleine de talents, héritière de la fortune Nestlé, qui allait devenir sa femme.

Münch revient à Strasbourg, selon ses propres mots, « par le dernier train qui franchit la ligne bleue des Vosges[2] », avant que l'Allemagne ne déclare la guerre à la France (3 août 1914). Fritz, Charles et leur jeune frère Hans, tous trois enrôlés dans l'armée allemande, sont envoyés au front à la fin de l'année ; Charles sert dans la 51e division d'artillerie. Il est gazé pendant la bataille de la Somme, près de Péronne (juillet-novembre 1916), et blessé à Verdun, sans doute fin 1916.

À Strasbourg, après la guerre, il remporte les titres de second violon solo, puis de premier violon lors de concours ouverts, mais on ne peut nier le rôle de l'attention bienveillante de Guy Ropartz dans l'avancement de sa carrière. Ropartz « devait être pour moi un second père. Il est toujours resté mon conseiller, mon guide ; sans lui, je serais peut-être encore violon solo de l'orchestre de Strasbourg », reconnut-il. Münch occupe aussi un poste de professeur au Conservatoire de Strasbourg et joue en qualité de second violon dans l'excellent quatuor à cordes dirigé par Théophile Soudant.

À l'invitation de Karl Straube, un vieil ami de sa famille, il participe à un concours, qu'il remporte, pour le poste de violon solo dans l'orchestre du Gewandhaus de Leipzig, où il joue pendant six saisons, de 1925-1926 à 1931-1932, d'abord sous la direction de Wilhelm Furtwängler, puis de Bruno Walter. Juste avant la saison 1931-1932 l'orchestre du Gewandhaus célèbre son 150e anniversaire, en partie par une tournée de concerts qui amène l'orchestre à Strasbourg, avec Münch comme soliste (1er juillet 1931). Münch fait ses débuts de chef d'orchestre le 28 décembre 1931, avec un programme d'œuvres de Ludwig Spohr, Carl Ditters

---

1. Charles Münch, *Un chef d'orchestre dans le siècle, Correspondance* présentée par Geneviève Honegger, préface de Marcel Landowski, Strasbourg, La Nuée bleue, 1992, p. 5.
2. Charles Münch, *Je suis chef d'orchestre*, Paris, Éditions du Conquistador, 1954, p. 26.

von Dittersdorf et Carl Philipp Emanuel Bach, « *unter Leitung Carl Münch* », car Straube était souffrant et ne pouvait diriger le concert historique de fin d'année. Mais, alors que la saison 1932-1933 approche et que le contexte politique se durcit de plus en plus, Münch annonce brusquement à ses employeurs – la municipalité de Leipzig, le Conservatoire et l'orchestre du Gewandhaus – sa décision irrévocable de quitter l'Allemagne sur-le-champ.

Ses débuts parisiens, le 1er novembre 1932 au Théâtre des Champs-Élysées, sont financés par Geneviève Maury, qu'il devait épouser en janvier 1933. L'orchestre est celui des Concerts Walther Straram ; le programme

L'Orchestre de Paris dirigé par Charles Münch. Théâtre de la Gaîté-Lyrique, 20 octobre 1967.

comporte la symphonie de Dittersdorf qu'il avait dirigée à Leipzig la saison précédente, le *Concerto pour violon en mi majeur* de Bach, pour lequel il était à la fois soliste et chef, la *Pavane pour une infante défunte* de Ravel et la *Première Symphonie* de Brahms.

À la suite de ce concert, il obtient des engagements avec l'Orchestre Lamoureux, les Concerts Robert Siohan et l'Orchestre symphonique de Paris de Pierre Monteux. Pour le concert du 2 avril 1933, avec ce dernier orchestre, il inscrit au programme une œuvre qui allait faire partie de son répertoire personnel : *Bacchus et Ariane* d'Albert Roussel. C'est Alfred Cortot qui propose de mettre Münch à la tête d'un nouvel ensemble symphonique, constitué de ce qui restait des orchestres aux programmations progressistes de Straram et de Monteux : l'Orchestre de la Société philharmonique de Paris, ou OSPP, qu'il dirige pendant trois saisons, 1935-1936, 1936-1937 et 1937-1938.

En mai 1938, après de longues discussions internes, il est décidé d'inviter Charles Münch à prendre la succession de Philippe Gaubert à la tête de la Société des concerts, avec un contrat de cinq années. Un an plus tard, il est officiellement nommé premier chef et vice-président, à l'approbation générale. Dès lors, Münch se fait le défenseur du répertoire orchestral français, qui selon lui se poursuivait sans discontinuité de Berlioz à Arthur Honegger et Olivier Messiaen, puis plus tard Henri Dutilleux. Il est un fervent partisan de Berlioz, dont il admire la musique et dont il connaît et cite souvent les écrits ; c'est à lui que l'on doit la discographie berliozienne la plus importante, avant le cycle Berlioz de Colin Davis. Il considère aussi l'œuvre de Beethoven comme fondamentale, ce en quoi il est en parfait accord avec l'histoire et la mission de l'orchestre. Les enregistrements qu'il a effectués avec la Société des concerts comportent des interprétations majeures de Berlioz, César Franck, Gabriel Fauré, Claude Debussy, Maurice Ravel et Arthur Honegger, ainsi que de Tchaïkovski et Prokofiev.

Lorsque son univers s'écroule pour la seconde fois en 1939, dressant à nouveau ses deux cultures l'une contre l'autre, Münch reste sur la scène parisienne et, avec habileté, dirige, protège et veille aux besoins d'un orchestre de cent musiciens et de leurs familles, cachant par ailleurs un grand nombre de réfugiés et de collègues.

Pendant la guerre, Münch accède au statut incontestable, et dans l'ensemble bien mérité, de meilleur chef d'orchestre du pays. Par la suite, il ne lui est plus possible de diriger tous les concerts de la Société, ni même tous les concerts du dimanche : des invitations alléchantes lui avaient déjà été faites bien avant la fin de la guerre. Après l'euphorie de la Libération, sa situation devient rapidement intenable, dans la mesure où la Société des concerts défend son droit à superviser l'ensemble de la programmation, tout en exigeant de son chef qu'il quitte rarement la ville. Il est démis de ses fonctions en 1946, principalement pour manquement au respect des statuts obsolètes de la Société ; cet incident fait la une des journaux et embarrasse sérieusement Münch, le Conservatoire et le gouvernement.

Ses débuts américains à Boston, New York, Chicago et Los Angeles (décembre 1946-mars 1947) font de lui une vedette internationale, et il est presque aussitôt engagé par l'Orchestre symphonique de Boston, où il travaille pendant treize saisons, de 1949-1950 à 1961-1962. À l'époque qui aurait dû être celle de sa retraite, il ne cesse de voyager dans le monde entier en tant que chef invité, avec de fréquents retours à Boston, des rapports privilégiés avec l'Orchestre national de l'ORTF et une importante activité discographique.

Au moment de fêter ses 75 ans, en septembre 1966, il accepte l'invitation du gouvernement français à superviser la transformation de la Société des concerts en Orchestre de Paris. Durant l'été de l'année suivante, il auditionne tous les musiciens du nouvel orchestre. « J'ai toujours pensé, disait-il en commentant cette expérience, que la France était la seule nation qui avait pu créer un son national, et avait été capable de le conserver[3]. » Pendant un mois entier, avant le premier concert, il dirige chaque jour des répétitions générales d'une durée de trois heures, bien que cet emploi du temps fût à la limite de ses forces.

Les derniers mois de sa vie sont néanmoins presque aussi trépidants que les décennies précédentes, avec un voyage en Espagne en décembre 1967, des concerts à Boston en janvier et à Tanglewood en août 1968, ainsi que des engagements à Houston, Montréal et Vienne. La tournée fatale de l'Orchestre de Paris en Amérique du Nord débute dans un climat de triomphe étourdissant.

Le 6 novembre 1968, après sa mort à Richmond, les musiciens jouent la *Symphonie fantastique* « pour lui, avec tout notre cœur. Le public américain [...] a parfaitement contribué à notre douleur par un silence impressionnant. Même attitude en seconde partie pour *Daphnis* [...]. Jamais le silence total d'une salle et d'un plateau réunis n'avait eu, je crois, pareille noblesse, pareille puissance. [...] Dire que plus jamais nous ne pourrons jouer *La Mer*, *Bacchus*, la *Fantastique*, ou *Daphnis* avec lui, nous déchire le cœur[4] ».

3. Charles Münch à Bernard Gavoty, dans *Hommage à Charles Münch*, réalisation Denise Billon, novembre 1967, ORTF/INA.

4. Lettre du tromboniste Guy Destanque au président de la Commission de l'Orchestre national, 6 novembre 1968, archives Radio-France.

1967-2008

Charles Münch (1967-1968)
Georg Solti (1972-1975)
Daniel Barenboïm (1975-1989)
Semyon Bychkov (1989-1998)
Christoph Eschenbach (depuis 2000)

Durant l'été 1967, au Festival d'Aix-en-Provence, on murmurait que l'Orchestre de Paris ne verrait jamais le jour. Münch était trop vieux, disait-on. Il ne réussirait jamais à faire travailler les musiciens. Il n'y avait toujours pas de salle décente à Paris. En fait, l'Orchestre de Paris naquit plus ou moins à la date prévue, le 14 novembre 1967. Comme en 1828, le programme à lui seul en disait long sur la mission du nouvel orchestre : *La Mer*, le *Requiem Canticlès* d'Igor Stravinski et la *Symphonie fantastique*. Les doutes de Münch sur lui-même – ce serait trop d'argent gaspillé pour un vieux chef finissant – furent vite surmontés. Karajan parla plus tard d'« orchestre fabuleux ». Malraux, qui ne sortait jamais le soir, se laissa convaincre d'assister à la générale. « Vous allez être notre grand orchestre de prestige ; pour la France, je vous remercie ! »

Charles Münch et l'Orchestre de Paris. Répétition au Théâtre de la Gaîté-Lyrique, 20 octobre 1967.

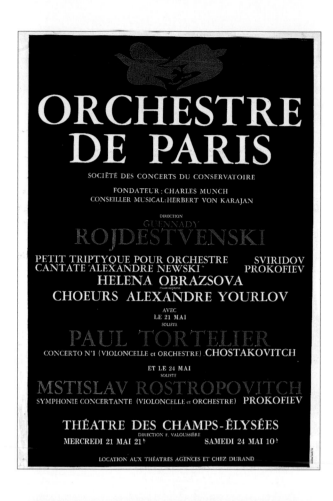

Affiche de l'Orchestre de Paris. Concerts des 21 et 24 mai 1969, Théâtre des Champs-Élysées. Direction, Guennady Rojdestvenski ; solistes, Paul Tortelier et Mstislav Rostropovitch. Au programme, Sviridov, Prokofiev et Chostakovitch. (Archives Orchestre de Paris.)

France-Soir qualifia l'Orchestre de Paris, ce soir-là, de « stupéfiant de maturité pour un nouveau-né ». Luben Yordanoff, le premier violon solo venu de Monaco à Paris avec l'autorisation spéciale du prince Rainier III, évoque cette soirée comme « un des plus beaux souvenirs de [sa] vie ». Münch, sachant que son temps avec l'orchestre serait compté, confia un grand nombre de responsabilités à son principal associé, Serge Baudo, et aux chefs fréquemment invités, parmi lesquels Jean Martinon, Karl Münchinger et Paul Paray. L'assistant de Serge Baudo, Jean-Pierre Jacquillat, joua un rôle de plus en plus important, en particulier quand Münch fut obligé d'annuler son projet de partir avec l'orchestre pour une tournée de dix-neuf jours en Union soviétique, à cause d'un refroidissement qui dégénéra en pneumonie. Au total, Münch dirigea son nouvel orchestre pour seulement trente-deux concerts, avec cinq programmes différents.

À la fin de septembre et dans les premiers jours d'octobre 1968, Münch et l'Orchestre de Paris enregistrèrent la *Deuxième Symphonie* d'Honegger et un cycle Ravel chez EMI, plus tard commercialisés sous le titre « Les derniers enregistrements de Charles Münch ».

Georg Solti dirigeant au Théâtre des Champs-Élysées, le 1ᵉʳ juin 1973.

Daniel Barenboïm dirigeant la création mondiale de la *Messe de l'Aurore* de Marcel Landowski au Palais des Congrès (solistes, Nadine Denize, Jules Bastin et Éric Tappy). 14 novembre 1977.

Le chef d'orchestre Semyon Bychkov. 14 mars 1990.

Daniel Barenboïm
Né à Buenos Aires le 15 novembre 1942
Directeur musical de l'Orchestre de Paris de 1975 à 1989

Daniel Barenboïm naît le 15 novembre 1942 à Buenos Aires dans une famille juive originaire de Russie. Son père, pianiste, donne des concerts tout en se consacrant à l'enseignement : il a été l'unique professeur de piano de son fils jusqu'à ses 17 ans. Sa mère est, elle aussi, professeur de piano : c'est donc dans un environnement très musical que grandit le jeune Daniel. De ces années en Argentine, le musicien garde le souvenir de deux rencontres essentielles : le chef d'orchestre Sergiu Celibidache, devant lequel il passe une audition, et le chef et compositeur russe Igor Markevitch (ce dernier sera son premier maître de direction d'orchestre, à Salzbourg, quand, quelques années plus tard, la famille, qui part pour Israël, s'arrête quelques mois en Europe).

De Markevitch, il retient « la précision et l'équilibre du rythme. En ce qui concerne la direction, ce qu'il m'a enseigné de plus important, en effet, c'est qu'il faut absolument se débarrasser des gestes superflus,

de ces gesticulations qui ne servent qu'à détourner l'attention de l'essentiel[1] ». Propos tempérés par la rencontre qu'il fait au même moment de Wilhelm Furtwängler : « L'art de Furtwängler au contraire était fondamentalement intuitif, et du point de vue de la gestique, purement instinctif[2]. » En 1956, il suivra un cours de direction à Vienne où il côtoie deux personnalités qui auront une grande influence sur lui, Claudio Abbado et Zubin Mehta.

Outre le piano et la direction d'orchestre, le jeune Barenboïm suit une formation de compositeur. Commencée en Israël, son éducation sera aussi française : en 1955-1956, il est l'élève de Nadia Boulanger à Paris, dont il dit qu'elle lui « fit prendre conscience du fait que la structure, en musique, n'est pas un sujet aride. Elle fait partie intégrante, au contraire, de la musique. Et on peut la percevoir de façon émotionnelle, pas seulement rationnelle. Pour [Nadia Boulanger], le musicien idéal devait penser avec le cœur, et sentir avec la tête[3] ».

Barenboïm donne d'abord des récitals en Israël, puis, pendant l'été 1953, son premier concert en soliste avec l'Orchestre philharmonique de ce pays. Il pratique également beaucoup la musique de chambre, avec des instrumentistes (notamment sa femme, la grande violoncelliste Jacqueline Du Pré), et des chanteurs, qui lui donneront le goût du répertoire lyrique.

L'année 1955 marque une importante première rencontre pour celui qui dirigera à partir de 1975 l'Orchestre de Paris : il se produit alors avec la Société des concerts du Conservatoire, dirigée par André Cluytens, interprétant un concerto pour piano de Mozart. On l'entend aussi, ces mêmes années, avec le Royal Philharmonia Orchestra, sous la direction de Joseph Krips, à Londres, et à New York en 1957 avec Leopold Stokowski. Ses premiers enregistrements de pianiste datent aussi de cette période : dans la décennie 1960-1970, il enregistrera les cinq concertos de Beethoven, avec Otto Klemperer, ceux de Brahms, avec Sir John Barbirolli.

C'est en Israël qu'il fait ses débuts de chef d'orchestre, en 1962. Avec l'English Chamber Orchestra, à partir de 1964, il est pour la première fois confronté régulièrement avec une formation orchestrale : dès 1965, il dirige et interprète au piano l'intégrale des concertos pour piano de Mozart, et les enregistre. Avec cet orchestre, il effectue plusieurs tournées, en Europe, mais aussi aux États-Unis, en 1968, en Inde et au Japon, en 1973. « Mon travail avec l'English Chamber Orchestra, écrit-il, m'apprit, entre autres choses, que l'élan, l'impulsion, doit venir des musiciens. […] Il faut une participation active des musiciens. C'est une chose que j'ai essayé de développer depuis lors dans les orchestres symphoniques[4]. »

Daniel Barenboïm dirigeant.

À DROITE
Orchestre de Paris. Affiche de la saison 1975-1976.
(Archives Orchestre de Paris.)

Dans son autobiographie, Barenboïm note l'importance de sa rencontre avec Pierre Boulez, sous la direction duquel il joue à Berlin en 1964. La musique du XXᵉ siècle les réunit de nouveau, les deux années suivantes, à Paris, dans le cadre du « Domaine musical », pour des pièces d'Alban Berg et d'Arnold Schoenberg. La relation amicale et professionnelle qui unit les deux artistes est d'une grande importance pour la vie musicale française : Barenboïm persuade Boulez de revenir se faire entendre à Paris comme chef d'orchestre et comme compositeur.

Vers la fin des années 1960, il commence à travailler plus régulièrement avec les principaux orchestres symphoniques. En 1968, il dirige à New York le London Symphony Orchestra, plus tard, le Berliner Philharmoniker, et les orchestres de Chicago, Cleveland, New York et Philadelphie.

L'occasion de se stabiliser à la tête d'un orchestre lui est proposée avec la direction musicale de l'Orchestre de Paris, à laquelle il accède en 1975, et qu'il quittera en 1989 (entre 1987 et 1989, il est en outre chargé de travailler à la préfiguration de l'Opéra de la Bastille). Comme il l'explique lui-même, cette expérience avait quelque chose d'unique, car il s'agissait d'un orchestre tout récemment fondé, qui avait eu trois directeurs musicaux très prestigieux, Charles Münch, Herbert von Karajan et Georg Solti : « On sentait chez [les musiciens] le désir d'établir avec leur nouveau chef une relation enfin durable. C'est ce qui m'a attaché à l'orchestre au début, tant d'un point de vue rationnel qu'émotionnel. […] Nous avons constitué un répertoire comprenant de nombreuses œuvres de musique allemande – classique ou romantique – que l'orchestre n'avait encore jamais jouées – c'est l'Orchestre de Paris qui a joué pour la première fois en France certaines symphonies de Bruckner. Il y a eu également un cycle Mahler dirigé par Kubelik, et beaucoup de musique contemporaine, dans le cadre d'une collaboration avec Boulez, qui a lui-même dirigé l'orchestre à de nombreuses reprises[5]. »

On ne saurait énumérer toutes les innovations que le nouveau chef met en place : fondation du chœur en 1976, d'un cycle de musique de chambre ; participation accrue à l'Opéra avec la fondation du Festival Mozart

à Paris en 1982. Son engagement envers la musique contemporaine fut également remarquable, avec notamment des interprétations d'œuvres de Witold Lutoslawski, Luciano Berio, Pierre Boulez, Hans Werner Henze, Henri Dutilleux, Toru Takemitsu.

La carrière de chef d'opéra de Barenboïm est également importante, même si elle est relativement tardive. Elle commence en 1972, au Festival d'Édimbourg, avec *Don Giovanni* de Mozart. Sa présence au Festival de Bayreuth aux côtés de Wolfgang Wagner, pour un *Tristan* produit en 1981 par Jean-Pierre Ponnelle, prélude à de nombreuses autres collaborations. Cette expérience à Bayreuth devait servir à Barenboïm de modèle pour l'organisation artistique, à Paris, de l'Opéra de la Bastille, dont il assure la responsabilité entre 1987 et 1989.

En 1991, il succède à Georg Solti comme directeur musical du Chicago Symphony Orchestra : en 2006, lorsqu'il quitte ce poste, les musiciens de cet orchestre le nomment « chef honoraire à vie ». En 1992, il devient directeur musical du Deutsche Staatsoper de Berlin (jusqu'en 2002), et à l'automne 2000, chef à vie de la Staatskapelle de Berlin. Plus récemment, il a été nommé Maestro Scaligero à la Scala de Milan, où il donnera le cycle du *Ring* de Wagner en 2010-2011. Il dirige régulièrement le Berliner Philharmoniker et le Wiener Philharmoniker. En 2006, Barenboïm a reçu le prix Ernst von Siemens, considéré comme le prix Nobel de la musique.

Enfin, il a créé, depuis 1999, en collaboration avec l'homme de lettres Edward Said, l'orchestre « Divan occidental-oriental », qui réunit chaque année de jeunes musiciens d'Israël et du Proche-Orient en une seule et même formation afin d'encourager la paix en cette région.

1. Daniel Barenboïm, *Une vie en musique*, traduit de l'anglais par Charles Ballarin, Paris, Belfond, 1992, p. 44.

2. *Ibid.*, p. 46.

3. *Ibid.*, p. 51.

4. *Ibid.*, p. 105.

5. *Ibid.*, p. 167-168.

ORCHESTRE DE PARIS

SOCIÉTÉ DES CONCERTS DU CONSERVATOIRE

DIRECTEUR
DANIEL BARENBOÏM

SAISON 75-76

30 PROGRAMMES

AU PALAIS DES CONGRÈS
ET AU
THÉÂTRE DES CHAMPS-ÉLYSÉES
CYCLE DE MUSIQUE DE CHAMBRE
DU 23 SEPTEMBRE 75 AU 29 JUIN 76

CHEFS D'ORCHESTRE :

Gerd ALBRECHT	Daniel BARENBOÏM
Karl BÖHM	Pierre BOULEZ
Colin DAVIS	Jacques DELACÔTE
Lawrence FOSTER	Hiroyuki IWAKI
Jean-Pierre JACQUILLAT	Lorin MAAZEL
Zubin MEHTA	Karl RICHTER
Witold ROWICKI	Guennadi ROZHDESTVENSKY
Sir Georg SOLTI	

SOLISTES :

Jules BASTIN	Teresa BERGANZA
Michel BEROFF	Pierre COCHEREAU
Ryland DAVIES	Clifford CURZON
Christoph ESCHENBACH	Jean DUPOUY
Pierre FOURNIER	Dietrich FISCHER-DIESKAU
Edith MATHIS	Heather HARPER
Birgit NILSSON	Franz MAZURA
Itzhak PERLMAN	Jessye NORMAN
Hermann PREY	Maurizio POLLINI
Peter SCHREIER	Anna REYNOLDS
John SHIRLEY-QUIRK	Rudolf SERKIN
Henryk SZERYNG	Isaac STERN
Victor TRETIAKOV	Gabriel TACCHINO
Helen WATTS	Jean-Pierre WALLEZ
Pinchas ZUKERMANN	Alexis WEISSENBERG

Renseignements et abonnements, Orchestre de Paris
2, place de la Porte Maillot - 75017 Paris - 758-27-37 et 758-27-38

Tous les proches eurent le funèbre pressentiment que le *Concerto en sol* de Ravel serait la dernière rencontre publique de Münch et de Nicole Henriot. Mi-octobre, l'Orchestre partit pour une tournée en Amérique du Nord : Québec, Boston, New York, Washington et des villes plus au sud. « Münch rentre triomphalement », écrivit Harry Neville dans le *Boston Globe*. Le concert du Carnegie Hall connut un succès foudroyant auprès des New-Yorkais. Alexandre Tcherepnine déclara à Bernard Gavoty pour la télévision française : « Je vous assure que je n'ai jamais entendu une telle ovation. Mon cœur tremblait de joie : pour la France, pour Charles Münch, la musique française, et pour New York, qui a eu le bon sens de reconnaître tout cela. » Mais le 6 novembre, à Richmond, en Virginie, Münch fut trouvé mort par son domestique : il s'était éteint pendant son sommeil. L'Orchestre continua la tournée sans lui, selon le vœu exprès de Nicole Henriot.

Deux chefs d'orchestre d'exception marquèrent particulièrement l'Orchestre de Paris avant l'arrivée de Daniel Barenboïm en 1975 : Herbert von Karajan et Sir Georg Solti. Le premier (alors déjà « chef à vie » de l'Orchestre philharmonique de Berlin) est nommé conseiller musical de l'Orchestre, en février 1969, secondé par Serge Baudo, « chef permanent » ; le second sera directeur musical entre 1972 et 1975. Karajan, assurant lui-même un certain nombre de concerts, dirige en particulier la formation aux festivals d'Aix-en-Provence et de Salzbourg. Solti, de son côté, est, au moment où il prend la direction de l'Orchestre de Paris, chef de l'Orchestre symphonique de Chicago et conseiller musical de l'Opéra de Paris. Son contrat l'engage à consacrer dix semaines par an à l'Orchestre de Paris et à assurer environ 25 concerts avec 6 programmations différentes. Sa notoriété, comme celle de Karajan, aura aidé le jeune orchestre à se hisser au rang des meilleures formations musicales.

Daniel Barenboïm avait 33 ans quand il prit la direction de l'Orchestre de Paris en septembre 1975. Le long et brillant règne de ce musicien au talent prodigieux fut marqué par une progression constante de sa propre compréhension musicale ainsi que de la sonorité et de la technique du jeune orchestre. L'Orchestre de Paris accomplit donc avec brio ses missions, de la poursuite

Affiches de l'Orchestre de Paris, saisons 1999-2000 et 2000-2001. (Archives Orchestre de Paris.)

Le chef d'orchestre
Christoph Eschenbach
et l'Orchestre de Paris.
2000.

Tournée de l'Orchestre de Paris en Autriche, 1994. Répétition sous la direction de Semyon Bychkov à Vienne (Musikverein).

Concert de musique de chambre au musée d'Orsay. Philippe Aïche, David Gaillard, Éric Picard, Gilles Since, André Cazalet, Julien Hardy, Alexandre Gattet, Florence Souchard-Delépine 1er décembre 2006.

de sa longue association avec les Jeunesses musicales de France aux coproductions avec l'Ensemble Inter-Contemporain de Pierre Boulez – Boulez qui avait été le plus farouchement opposé au « plan Landowski » concernant la création de l'orchestre à ses débuts.

L'un des plus grands coups d'audace de Barenboïm fut de demander qu'un chœur de 250 chanteurs soit associé à son orchestre, comme cela avait été le cas pour la Société des concerts au commencement. Ce fut le célèbre chœur de l'Orchestre de Paris, créé en 1976, dirigé par Arthur Oldham.

En 1978, le 150e anniversaire de la fondation de la Société des concerts donna lieu à une commémoration nationale pour laquelle l'Orchestre se joignit au Conservatoire, à la Bibliothèque nationale et à un comité spécialement constitué pour l'occasion, pour offrir un concert de gala, des concerts de chambre, des expositions et une série de publications. En mai 1979, l'Orchestre de Paris et son chœur se rendirent au Centre Kennedy, à Washington, pour donner une partie importante du répertoire Berlioz au cours d'un festival intitulé « Paris : The Romantic Epoch ».

Depuis sa création, en effet, l'Orchestre de Paris portait une attention minutieuse à l'œuvre de Berlioz. Le bicentenaire du compositeur en 2003 fut célébré par un festival de quatre années, dont l'initiative revenait

en grande partie au directeur général Georges-François Hirsch et à un comité international. Ce festival proposa un cycle complet des œuvres de Berlioz, dont *Les Troyens* au Festival de Salzbourg en 2000, ainsi que quatre colloques de spécialistes (dans le Massachusetts, à Bayreuth, Londres et Paris), d'excellents supports pédagogiques, une grande exposition à la Bibliothèque nationale de France et son catalogue (*Berlioz, la voix du romantisme*, 2003), ainsi qu'un *Dictionnaire Berlioz* (2003, prix de l'Académie des beaux-arts).

C'est au cours de cette période que Christoph Eschenbach a pris ses fonctions à la tête de l'Orchestre de Paris, en 2000. Protégé de Karajan et de George Szell, pianiste virtuose, il est arrivé à Paris après avoir joué avec l'Orchestre symphonique de Houston et occupé plusieurs postes importants en Europe. Connu pour son engagement vis-à-vis de la musique de son époque, Eschenbach l'est aussi pour le soutien qu'il apporte à la carrière de jeunes artistes, comme Lang Lang et Julia Fischer.

L'Orchestre de Paris est, dans l'ensemble, moins typiquement français que ses prédécesseurs ; les grands chefs invités attendent, à Paris comme à Berlin, Vienne et Amsterdam, une uniformité de style et d'exécution qui atténue les différences d'autrefois. Mais ce qui reste incontestablement français, ce sont les choix des programmes, et bien sûr le son particulier des instruments français : Paris est toujours le lieu le plus important pour la fabrication d'instruments à vent en bois et en cuivre, et le choix d'excellents violons y est pratiquement illimité. La bibliothèque de l'Orchestre de Paris / Société des concerts du Conservatoire est l'un des joyaux du patrimoine français : elle comprend les grandes éditions françaises de Haydn, Mozart et Beethoven, soigneusement annotées par Habeneck et ses successeurs ; parmi ses nombreux trésors figure la totalité des manuscrits de musique et matériels d'exécution donnés par Berlioz à la Société des concerts en 1863.

Les deux violons solos de l'Orchestre de Paris, Roland Daugareil et Philippe Aïche, 2007.

Concert de musique de chambre au musée d'Orsay. Philippe Aïche, David Gaillard, Éric Picard, Gilles Since, Philippe Berrod, 1er décembre 2006.

RÉPERTOIRES ET PROGRAMMATIONS

Mathieu
Gouffé

3

BASSO e VIOLONCELLO

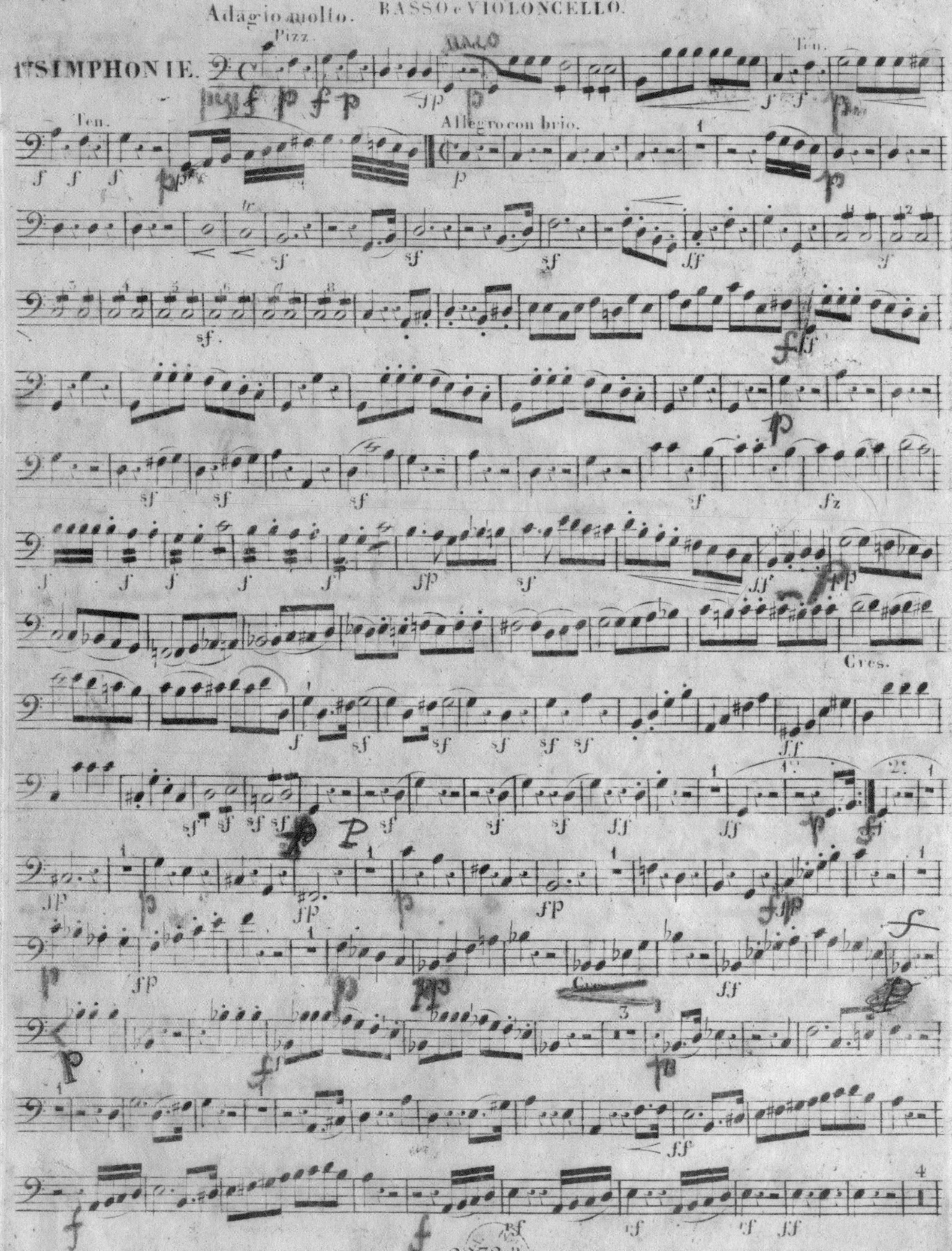

TROISIÈME PARTIE

Répertoires et programmations

La Société des concerts du Conservatoire

Beethoven

La Société des concerts du Conservatoire s'est donné pour première mission la diffusion de l'œuvre de Ludwig van Beethoven en France. Le répertoire symphonique germanique constitue dès l'origine le noyau des programmes de concerts et devient la caractéristique artistique de cette formation, transmise plus tard à l'Orchestre de Paris.

En 1828, faire aimer les symphonies de Beethoven au public parisien constitue un pari audacieux : la musique instrumentale est alors considérée en France comme un genre inférieur, bien moins noble que la musique lyrique. Les musiciens français eux-mêmes ne goûtent pas toujours les innovations beethovéniennes, et les premières éditions françaises vont parfois jusqu'à corriger ce que l'on prend, semble-t-il, pour des erreurs[13]. Hector Berlioz raconte au chapitre XX de ses *Mémoires* comment son professeur, Jean-François Lesueur, illustre et influent compositeur, maître de la Chapelle royale avec Luigi Cherubini, se laissa finalement entraîner à entendre la *Symphonie en ut mineur* exécutée par la Société des concerts et quelles furent ses réactions :

« Je le rencontrai dans un couloir ; il était très rouge et marchait à grands pas : "Eh bien, cher maître, lui dis-je ?… Ouf ! je sors, j'ai besoin d'air. C'est inouï, c'est merveilleux ! cela m'a tellement ému, troublé, bouleversé, qu'en sortant de ma loge et voulant remettre mon chapeau, j'ai cru que je ne pourrais plus *retrouver ma tête* ! Laissez-moi seul. À demain…"

Je triomphais. Le lendemain je m'empressai de l'aller voir. […] Mais il était aisé de voir que je n'avais plus pour interlocuteur l'homme de la veille et que ce sujet d'entretien lui était pénible. Je continuai pourtant, jusqu'à ce que Lesueur, à qui je venais d'arracher un nouvel aveu de sa profonde émotion en écoutant la symphonie de Beethoven, dit en secouant la tête et avec un singulier sourire : "C'est égal, il ne faut pas faire de la musique comme celle-là." Ce à quoi je répondis : "Soyez tranquille, cher maître, on n'en fera pas beaucoup." »

Avec François Antoine Habeneck d'abord, et jusqu'à sa dissolution, la Société des concerts remplira sa mission beethovénienne. L'Orchestre de Paris donne aujourd'hui encore ses lettres de noblesse au grand répertoire symphonique et choral du maître allemand.

Sous la direction de son fondateur, la Société fait entendre tout ce qui est connu de Beethoven à cette

---

13. François Joseph Fétis avait été chargé, avant Berlioz, de faire paraître les symphonies de Beethoven chez l'éditeur Troupenas : il en avait parfois revu les textes et « corrigé » quelques détails.

DOUBLE PAGE PRÉCÉDENTE
Eugène Louis Lami.
Groupe d'auditeurs
au Conservatoire
ou première audition
de la *Symphonie en la*
[*Septième Symphonie*]
de Beethoven.
Dessin à la plume
et rehauts d'aquarelle,
signé et daté en bas
à gauche : « Andante
de la Symphonie en
La / E. Lami 1840. »
Ancienne collection
André Meyer. (Paris,
musée de la Musique.)

PAGE DE GAUCHE
Ludwig van Beethoven.
*Première Symphonie
en ut majeur* op. 21.
Parties séparées. Paris,
Richault, s. d. [vers 1827].
Cotage : 2272R.
(Paris, BNF, Musique.)

Philippe Gaubert
Cahors, 5 juillet 1879-Paris, 8 juillet 1941
Chef d'orchestre de la Société des concerts du Conservatoire de 1919 à 1938

Élu premier chef de la Société des concerts du Conservatoire au lendemain de la Première Guerre mondiale, Philippe Gaubert aura marqué cet orchestre pendant toute la période de l'entre-deux-guerres, y terminant sa carrière en 1938.

Gaubert commence sa brillante carrière de musicien comme flûtiste. Il suit à Paris les cours de Jules Taffanel, père du chef d'orchestre de la Société des concerts du Conservatoire Paul Taffanel. En 1893, il remporte le premier prix de flûte au Conservatoire de musique de Paris, où il suit bientôt également des cours d'harmonie, avec Raoul Pugno et Xavier Leroux, ainsi que la classe de composition de Charles Lenepveu : en 1905, il obtient le second grand prix de Rome.

C'est comme flûtiste que Gaubert intègre d'abord l'orchestre de la Société des concerts : en 1901, il est sociétaire, au pupitre des flûtes. Il passera presque toute sa carrière avec cet orchestre, dont dix-neuf années au poste de premier chef d'orchestre. Dès 1904, il a été nommé second chef de la Société, alors dirigée par Georges Marty. Gaubert fait ses premiers pas dans la direction d'orchestre en assistant ce dernier en 1909 comme chef d'orchestre aux concerts du casino de Vichy. À partir de 1913, il remplace parfois André Messager à la tête de la Société, puis prend sa succession en 1919. Les mêmes fonctions lui sont confiées l'année suivante à l'Opéra, dont il devient, en 1931, le directeur de la musique. Au Conservatoire, Gaubert sera aussi à la tête de la classe de direction d'orchestre, après Paul Dukas et Vincent d'Indy. Lui-même avait suivi les cours de Paul Taffanel dans cette discipline. Sa technique de direction d'orchestre lui doit beaucoup : il en garde les principes, accordant une grande importance aux répétitions, et prônant l'économie du geste.

Comme Deldevez et Messager, Gaubert est un compositeur accompli. Ses œuvres sont d'ailleurs programmées par la Société – mais elles disparaîtront rapidement des programmes après sa retraite. Sa musique, souligne D. Kern Holoman, influencée par la sonorité debussyste, est à l'époque très populaire également aux concerts Colonne et Lamoureux.

Ses compositions embrassent un répertoire très large, depuis la mélodie et la musique de chambre, jusqu'à la musique symphonique et lyrique. En 1913, il fait représenter à Nantes son opéra *Sonia* ; l'année suivante on assiste à l'Opéra à son ballet *Philotis, danseuse de Corinthe*. En 1920, il achève *Naïla*, conte musical. Sa musique symphonique sera souvent programmée par la Société des concerts, mais pas seulement. En 1908, il fait jouer aux Concerts Colonne une rhapsodie sur des thèmes de son pays natal, le Quercy. À partir de 1929, il compose une série de grandes partitions pour orchestre, programmées au Conservatoire : en 1929, les *Chants de la mer*, suivis, en 1931, des *Chants de la terre* ; en 1930, le poème *Au Pays basque*, en 1934, les quatre tableaux symphoniques d'après des textes d'Henri de Régnier, *Inscriptions sur les portes de la ville*. Sa *Symphonie en fa*, l'œuvre peut-être la plus accomplie de Gaubert, est achevée en 1936 et donnée la même année en première audition par la Société.

Comme premier chef de la Société des concerts, Gaubert a eu une forte influence sur l'évolution de son répertoire. Tout en gardant un important enracinement dans l'œuvre symphonique de Beethoven, les programmes arrêtés par le comité et Gaubert s'ouvrent largement à la musique post-romantique française de la fin du XIXe siècle. Wagner, Ravel et le répertoire russe lui sont aussi redevables d'une programmation suivie. Gaubert est un grand amateur de Berlioz, et, comme chef de l'Opéra, il fera exécuter des *Troyens* mémorables. Il introduit de nombreux musiciens français alors inconnus, bien que, pour certains, ils appartiennent à une génération déjà passée : Charles Marie Widor, Ernest Chausson, Henri Duparc, André Caplet, Florent Schmitt,

Arthur Honegger, Reynaldo Hahn, Darius Milhaud, Igor Stravinski (*Feux d'artifice*), Sergueï Prokofiev (*Deuxième Concerto pour piano*, *L'Amour des trois oranges*), Richard Strauss, et un peu de Franz Liszt. Le répertoire choisi sous sa direction requiert souvent les qualités virtuoses des musiciens de l'orchestre.

À partir de 1920, la Société n'a plus de chœur permanent, ce qui rend impossible l'exécution de tout un pan du répertoire choral qui faisait partie des programmes consacrés de l'orchestre. Dorénavant, des chœurs seront engagés pour l'occasion, comme par exemple le Chœur mixte de Paris. Le directorat de Gaubert voit aussi le règne des solistes de renom, comme la cantatrice Germaine Lubin, ou les pianistes Ricardo Viñes et Marguerite Long.

De nombreux changements interviennent dans l'organisation de l'Orchestre pendant cette période. Il se renouvelle en grande partie : plusieurs dizaines de nouveaux sociétaires sont élus. C'est aussi à cette époque que les concerts radiodiffusés commencent à prendre de l'importance : en 1928, pour la première fois, un concert de la Société est retransmis depuis la salle Pleyel. À partir de 1930, Radio Paris diffuse les répétitions publiques du samedi matin : mais, comme le décrit D. Kern Holoman, il semble que les musiciens aient craint que le public, écoutant la radio, ne déserte les concerts, et les radiodiffusions furent interrompues pour quelque temps. Le directorat de Gaubert est aussi celui qui voit se développer les tournées internationales de l'orchestre : à Bruxelles, en 1923, à Barcelone, en 1924.

La programmation fut aussi parfois cause d'affrontement entre le chef et les sociétaires. En 1932, malgré les aspects novateurs des choix de Gaubert, les musiciens se plaignent de ne pas jouer le répertoire le plus récent, que font entendre les autres orchestres parisiens. Comme cela apparaît dans les comptes rendus de séances du comité étudiés par D. Kern Holoman,

Gaubert répond en citant un épisode révélateur sur le public de la Société des concerts : les abonnés auraient demandé à être remboursés quand la Société a programmé *L'Apprenti sorcier* de Paul Dukas ; un autre auditeur ouvre ostensiblement son journal lorsque l'orchestre joue Claude Debussy ; pour *L'An Mil* de Gabriel Pierné, les trois quarts des abonnés ne sont pas venus.

Malgré ces difficultés, la période de Gaubert, par sa programmation plus contemporaine, par ses tournées et ses rapports avec la radio, ouvre plus largement la Société des concerts sur le monde extérieur. Les nombreux enregistrements laissés par Gaubert à la tête de cet orchestre en témoignent. On y compte *L'Apprenti sorcier* et *La Péri* de Dukas, mais aussi le *Deuxième Concerto en fa mineur* de Frédéric Chopin, par Marguerite Long, *Nocturnes* et *Nuages* de Debussy, *Dans les steppes de l'Asie centrale* de Borodine, la *Symphonie en ré mineur* et les *Variations symphoniques* de César Franck, l'ouverture du *Roi d'Ys* d'Édouard Lalo, ou des fragments de *Tristan* de Richard Wagner, par Germaine Lubin.

Affiche de la Société des concerts.
Salle des concerts, 2, rue du Conservatoire.
Conservatoire national de musique.
Société des concerts. Dimanche 23 février 1919.
Avec le concours de Blanche Selva, sous la direction de Philippe Gaubert. Au programme, Beethoven, Fauré, Bach (dont la pianiste Blanche Selva interprète le *Deuxième Concerto* pour clavecin), Dukas (*L'Apprenti sorcier*), Berlioz (*Carnaval romain*). (Paris, BNF, Musique.)

Conservatoire
national de musique.
Société des concerts.
Programme
du 10 février 1924.
Couverture décorée
par G. Belville.
(Paris, BNF, Musique.)

Concerts de la Pléiade
(musique française)
organisés par la NRF,
3e année. Salle
du Conservatoire.
Orchestre de la
Société des concerts
du Conservatoire sous
la direction de Roger
Desormière. Chorale
Yvonne Gouverné sous
la direction de Fernand
Lamy. 21 avril 1945.
Création des *Trois
Petites Liturgies
de la présence divine*
d'Olivier Messiaen
avec la participation
d'Yvonne Loriod
et Ginette Martenot.
Au même programme :
œuvres de Josquin des
Prés, Clément Janequin,
Claude Le Jeune,
André Caplet,
Darius Milhaud,
Francis Poulenc.
(Paris, BNF, Musique.)

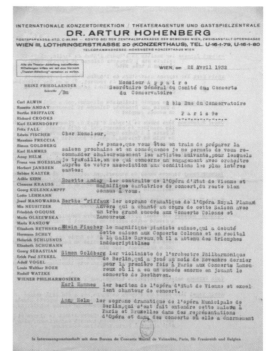

Lettre du Bureau
de concerts
Artur Hohenberg
à M. Appaire,
secrétaire général du
Comité des concerts
du Conservatoire,
Vienne, 22 avril 1932,
proposant plusieurs
artistes dont
Edwin Fischer.
(Paris, BNF, Musique.)

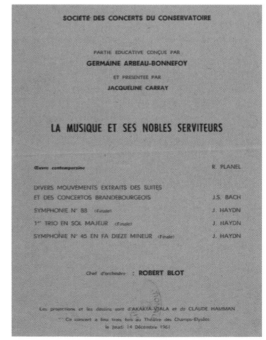

Société des concerts
du Conservatoire :
partie éducative
conçue par Germaine
Arbeau-Bonnefoy
et présentée par
Jacqueline Carray :
« La Musique et ses
nobles serviteurs. »
Concert au Théâtre
des Champs-Élysées,
le 14 décembre 1961,
sous la direction
de Robert Blot.
Au programme,
Robert Planel,
Jean Sébastien Bach,
Joseph Haydn.
(Paris, BNF, Musique.)

Festival Claude
Debussy organisé par
la Société des concerts
du Conservatoire
sous le patronage
des disques La Voix
de son maître,
vendredi 13 juin 1941.
Portrait de Debussy
par Paul Colin
Au programme,
La Mer et *Le Martyre
de saint Sébastien*,
avec la participation
de la chorale
Yvonne Gouverné.
(Paris, BNF, Musique.)

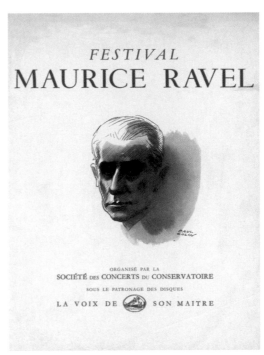

Festival Maurice Ravel
organisé par la
Société des concerts
du Conservatoire
sous le patronage
des disques La Voix
de son maître,
vendredi 20 juin 1941.
Portrait de Ravel
par Paul Colin.
(Paris, BNF, Musique.)

Festival Honegger
organisé par la
Société des concerts
du Conservatoire
sous le patronage
des disques
La Voix de son maître,
le 25 juin 1942.
Avec la participation
de « La Triade ».
Au programme,
*Symphonie pour
orchestre à cordes*,
en première audition,
et l'oratorio *Jeanne
au bûcher* avec,
entre autres,
Jean-Louis Barrault
pour les rôles parlés.
Chorale Yvonne
Gouverné, Schola de
Sainte-Jeanne Chantcel,
les Petits Chanteurs
d'Avon. Portrait
d'Honegger
par M. Arthaud.
(Paris, BNF, Musique.)

Festival Fauré-Debussy
organisé par la
Société des concerts
du Conservatoire
sous le patronage
des disques La Voix
de son maître, Théâtre
national du palais de
Chaillot, 4 juin 1942.
Avec la participation de
« La Triade ». Portrait
des compositeurs
par M. Arthaud.
Au programme,
La Naissance de Vénus
et *Fantaisie pour piano
et orchestre* de Fauré,
*Le Martyre de saint
Sébastien* de Debussy.
Au piano, Marguerite
Long. Avec la chorale
Yvonne Gouverné.
Le Cercle artistique de
Paris, « La Triade », fondé
en mars 1942, organisait
des manifestations
artistiques.
(Paris, BNF, Musique.)

La musique symphonique française :
le rôle conservateur de la Société
des concerts

Le chef d'orchestre Narcisse Girard aurait déclaré un jour à l'impératrice Eugénie que la Société des concerts était « le Louvre de la musique ». La comparaison de la Société des concerts avec le Louvre revient à Berlioz qui écrit le 27 avril 1834 : « Ces magnifiques solennités musicales viennent de finir ; notre Louvre est fermé. Plus de Beethoven, plus de Weber. » Le compositeur exprime la même idée, de façon plus sèche peut-être, quand il écrit le 16 janvier 1842 dans la *Revue et Gazette musicale* : « Cette société célèbre doit maintenant être considérée comme un musée où de merveilleuses compositions sont exposées ; musée trop rarement ouvert et où il est très difficile d'être admis, bien que l'attrait qu'il offre au public ne soit plus celui de la curiosité. »

On l'a vu, la vocation de la Société avait été d'abord de diffuser une musique nouvelle et difficile, qu'elle faisait entendre la plupart du temps en première audition parisienne ou française.

Quelle place la Société pouvait-elle accorder, à côté d'un répertoire germanique si prédominant, aux compositeurs français ? Cette question revient sans discontinuer sous la plume des critiques de l'époque (et le plus important d'entre eux, Berlioz, est lui-même compositeur !) et se pose à de nombreuses reprises au comité de la Société des concerts qui décide de la programmation.

Les compositeurs français (ou considérés comme tels) ne sont pas absents des premiers programmes musicaux : avec Charles Simon Catel et François Joseph Gossec, Étienne Nicolas Méhul, compositeur célébré d'opéras-comiques (mort en 1817, il avait beaucoup œuvré pour le maintien du Conservatoire après la Restauration), et Cherubini, directeur du Conservatoire, en sont les principaux représentants. Ce dernier est joué dès le premier concert de la Société, où l'on entend l'ouverture des *Abencérages*, le *Kyrie* et le *Gloria* de la *Messe du Sacre*. Un concert à la mémoire de Méhul est donné en 1830,

Hector Berlioz, *L'Enfance du Christ*. Première partie, scène VI, rôle de sainte Marie. Parties séparées des chanteurs. Copie manuscrite, cachet du copiste Pierre Aimable Rocquemont. Collette blanche sur papier bleu, écriture de Berlioz : « Esprits de vie, est-ce bien vous ? » Œuvre composée entre 1850 et 1854. Les paroles françaises originales sont traduites en allemand, en vue des fréquentes exécutions de l'œuvre en Allemagne à partir de 1856. (Paris, BNF, Musique.)

incluant des extraits d'œuvres aussi diverses que *Joseph*, *Stratonice*, *Le Jeune Henry*. Mais les symphonies de Méhul, pourtant plus adaptées encore au répertoire de la Société, restent curieusement des terres inexplorées par elle.

Cette présence somme toute modeste de la musique française (plus modeste encore lorsqu'il s'agit de sa composante symphonique) est significative. La Société espérait pourtant, semble-t-il, révéler ou susciter un « Beethoven français » : mais son peu d'entrain à programmer des compatriotes, du moins jusqu'au directorat de Jules Garcin (1885-1892), ne lui en donna pas la possibilité. Le comité proposa certes la lecture d'œuvres de Georges Onslow, Louise Farrenc, Antoine Elwart ou encore leur futur chef, Deldevez. Mais peu des œuvres de ces compositeurs passèrent l'épreuve de la première lecture, nécessaire à la programmation. Les deux créations d'œuvres de Louise Farrenc, une ouverture, en 1843, et sa *Deuxième Symphonie*, en 1849, représentent une exception notable.

Il faudra attendre les lendemains de la guerre de 1870, avec Jules Garcin, puis surtout ceux de la Première Guerre mondiale, avec Philippe Gaubert, pour qu'un équilibre plus favorable à la musique française soit trouvé. Le premier, chef d'orchestre entre 1885 et 1892, ouvre largement le répertoire aux œuvres de compositeurs il est vrai déjà bien connus comme Charles Gounod, César Franck, Édouard Lalo, que rejoindra ensuite Camille Saint-Saëns. Charles Lenepveu, Jules Massenet, Gabriel Fauré, Augusta Holmès, plus jeunes, seront également mis à l'honneur.

Philippe Gaubert, qui ouvre ce que D. Kern Holoman a défini comme la dernière période de la Société des concerts, oriente le répertoire de son orchestre, pendant la très longue période de sa direction (1919-1938), vers les maîtres français de la fin du XIX⁰ siècle, vers Wagner et vers le répertoire russe. Ainsi, pendant

la saison 1919-1920 sont entendus, en première audition française, des œuvres de Guy Ropartz, Roger Ducasse, Henri Rabaud, Henri Duparc, Maurice Ravel (*Shéhérazade*), Camille Chevillard, Maurice Emmanuel, André Gedalge. Gaubert et le comité notent en 1921 celles qu'ils souhaitent faire entendre dans les années suivantes, au nombre desquelles d'importantes partitions françaises : *La Mer* de Claude Debussy, *Daphnis et Chloé* de Ravel, mais aussi *Une nuit sur le mont Chauve* de Modest Moussorgski et *Die Ideale* de Liszt, toutes interprétées dans les années suivantes.

Charles Münch enfin accorde plus tard aux programmes de musique française contemporaine une place accrue, de Berlioz jusqu'à Arthur Honegger, Florent Schmitt et Olivier Messiaen : *La Danse des morts*

Hector Berlioz, *Harold en Italie*, symphonie en quatre parties. 4⁰ partie : « Orgie de brigands. Souvenirs des scènes précédentes. » Parties séparées. Paris, Brandus, s. d. [1848]. Partie de second violon, p. 11 : annotations autographes : « Un seul violon dans la coulisse, *con sordini* » ; « ôtez la sourdine et rentrez à l'orchestre ». Œuvre composée en 1834. Berlioz fit don à la Société des concerts de sa collection de manuscrits, partitions et parties séparées d'orchestre. (Paris, BNF, Musique.)

d'Honegger est à l'affiche en 1941, avec Jean-Louis Barrault en récitant. Honegger dirige la Société dans le prélude à *La Tempête*, le *Concertino* pour piano, *Pacific 231*. En 1942, on peut entendre *Jeanne au bûcher*, toujours avec Jean-Louis Barrault. Et le 22 octobre 1944, le premier concert de la Libération programme son *Chant de la Libération*.

Berlioz

Berlioz, grand symphoniste lui-même, si fidèle à propager la gloire de Beethoven par ses analyses des symphonies et ses fidèles comptes rendus des concerts de la Société, aurait pu être ce « Beethoven français » qu'elle appelait de ses vœux. Mais l'histoire de sa relation avec cet orchestre est difficile. La Société ne programma que rarement ses œuvres, du moins de son vivant : seuls furent donnés, dans le cadre de sessions de concerts, *L'Intrata de Rob Roy MacGregor*, en 1833, des extraits de *La Damnation de Faust* sous la direction de Narcisse Girard en 1849. Théophile Tilmant le dirige deux fois (en 1861 et 1863, pour des fragments de *La Damnation de Faust* et le duo-nocturne du premier acte de *Béatrice et Bénédict*) ; François George Hainl exécute *La Fuite en Égypte* lors de sa première saison, en avril 1864. Mais c'est seulement après la guerre de 1870, en 1879, que fut introduit par Deldevez ce qui devait devenir un des grands succès de la Société dans les années 1890, la version presque intégrale de *Roméo et Juliette* (il faudra attendre le centenaire de la naissance du compositeur, en 1903, pour qu'elle soit véritablement présentée en entier).

Pourtant, Berlioz fit souvent jouer ses œuvres par les musiciens de l'orchestre de la Société des concerts, qu'il employait donc directement (et lui-même tint une fois la partie de cymbale dans l'orchestre, en 1837) ; il fit entendre sa musique dans la salle même du Conservatoire plus de vingt fois (et Habeneck dirigea quatre de ces concerts), avant que le règlement de 1843 vienne rendre cela pratiquement impossible. Habeneck, par ailleurs, conduisit la musique de Berlioz pour des partitions aussi importantes que le *Requiem*, *Benvenuto Cellini* et la *Symphonie funèbre et triomphale*.

Malgré la remarquable indifférence de la Société, en tant qu'institution, pour la musique de Berlioz, le lien musical était donc très fort entre le compositeur-critique, l'orchestre et la salle de concerts : Berlioz fut candidat à la succession de Tilmant en 1863, sans succès ; cela n'empêcha pas le don généreux qu'il fit de sa bibliothèque musicale, manuscrits, partitions et parties séparées de ses œuvres[15], qui devait lui assurer, après sa mort (et grâce au fait peut-être qu'il n'était plus alors un compositeur contemporain), d'entrer définitivement au répertoire de la Société des concerts. Dès 1903, son centenaire est fêté, sous la direction de Georges Marty. Plus tard, ce même chef dirigera les premières intégrales d'*Harold en Italie*, avec l'altiste Maurice Vieux, en 1907, et de *L'Enfance du Christ*, en 1908. Plus tard encore, Charles Münch se fera le champion du répertoire symphonique français, et particulièrement de Berlioz, enregistrant notamment une mémorable *Symphonie fantastique* avec le tout jeune Orchestre de Paris, en 1967.

Le répertoire français, quoi qu'il en soit, devint bel et bien un emblème de la Société des concerts : ses premières tournées en témoignent. En 1917, André Messager organise le déplacement de l'orchestre en Suisse, pour un voyage qui va les emmener de Genève à Neuchâtel en passant par Lausanne, Berne, Bâle et Zurich. Le programme exporté alors est essentiellement composé d'œuvres françaises : après le tribut payé à Beethoven (les *Troisième* et *Cinquième Symphonies*, ouverture d'*Egmont*), il jouera, entre autres, Berlioz, Saint-Saëns, Lalo, Vincent d'Indy, Fauré, Paul Dukas et Debussy. Moins de deux ans après, au début de 1919, c'est aussi dans un programme presque exclusivement français que la Société se produit, lors de sa première grande tournée en Amérique (États-Unis et Canada).

L'Orchestre de Paris

L'ouvrage dirigé par Nicole Salinger pour les vingt ans de l'Orchestre de Paris, publié chez Hachette / Francis Van de Velde en 1987, a fait le point sur les caractéristiques de la programmation inspirée à la formation par Herbert von Karajan et Serge Baudo, puis par Georg Solti, enfin et surtout par Daniel Barenboïm, arrivé à la tête de l'Orchestre en 1975 – il y restera jusqu'en 1989. L'Orchestre de Paris avec lui s'est ouvert à de nouveaux types de productions : la création du chœur de l'Orchestre de Paris, en 1976, permet d'aborder sans crainte tout le grand répertoire choral ; des cycles de musique de chambre sont aussi organisés, auxquels le chef d'orchestre participe comme pianiste, avec les solistes de l'Orchestre ;

---

15. Voir l'article de Catherine Massip p. 119.

enfin, il développe la participation aux productions lyriques. L'Orchestre avait dès ses débuts pris part au Festival d'Aix-en-Provence, sous l'impulsion de Karajan et de Baudo. Il y est présent entre 1967 et 1973, pour l'exécution d'opéras de Mozart, Rossini et Verdi. Barenboïm crée en 1982 à Paris, au Théâtre des Champs-Élysées, un Festival Mozart, avec Jean-Pierre Ponnelle et Peter Diamand, que l'Orchestre ouvre avec *Don Giovanni*. Jusqu'en 1986 suivront *Così fan tutte*, *Les Noces de Figaro*, et une grande partie de la production symphonique ou de musique de chambre du compositeur.

Tout en assurant l'exécution du grand répertoire, comme cela fait partie de sa tradition (cycle Berlioz, en 1978-1979, emmené en tournée aux États-Unis, cycle Beethoven, en 1981-1982, emmené en Espagne, représentatifs tous deux du répertoire consacré de cette formation symphonique), l'Orchestre de Paris, avec Barenboïm, introduit de plus en plus de créations contemporaines. Certes, l'Orchestre en avait déjà interprété entre 1967

et 1975 : mondiales, comme *La Transfiguration de Notre-Seigneur Jésus-Christ*, de Messiaen, en 1969, ou « Tout un monde lointain », le *Concerto pour violoncelle* d'Henri Dutilleux, avec Mstislav Rostropovitch, en 1970; ou encore le *Concerto pour violon* d'André Jolivet, en 1972. Mais elles se font plus nombreuses et systématiques par la suite. Barenboïm s'en explique dans un entretien avec André Tubeuf, en mars 1987 :

« Il est possible aujourd'hui en 1987 de programmer des soirées entièrement consacrées à Berio ou à Boulez, ou qui comportent Dutilleux pour les deux tiers. C'était impensable quand je suis arrivé. Apparemment, le pacte de confiance avec le public existe, et cela prouve ses progrès dans l'ouverture d'esprit, la curiosité. [...] Notre orchestre et notre public sont sans doute aujourd'hui les seuls au monde à connaître la différence stylistique qui existe entre Dutilleux et Lutoslawski, comme entre Boulez et Stockhausen. »

Le pianiste Arthur Rubinstein, le chef d'orchestre Daniel Barenboïm et l'Orchestre de Paris au Théâtre des Champs-Élysées, 29 mars 1972.

Les œuvres de Pierre Boulez font leur entrée au répertoire de l'Orchestre de Paris en 1975, avec *Tombeaux*, qui sera suivi de *Rituel, in memoriam Maderna,* pour sa création parisienne, en mars 1977, et de *Messagesquisse* en juillet 1987. En 1983, l'Orchestre avait produit la création mondiale de *Bewegung* de Luciano Berio; l'œuvre de Lutoslawski avait été explorée pendant plusieurs saisons, tandis que Messiaen ou Xenakis devenaient de plus en plus familiers au public et qu'avaient lieu des créations d'œuvres de Hans Werner Henze (*Septième Symphonie*, création en France, en avril 1985) ou Alfred Schnittke (*Quatrième Concerto pour violon,* création en France, en novembre 1985).

L'Orchestre de Paris commençait aussi une politique de commande : pour son 10ᵉ anniversaire, en 1977, il joue la *Messe de l'Aurore* de Marcel Landowski, sous la direction de Barenboïm; d'autres œuvres suivront, notamment *Notations I* de Boulez, avec le même chef, en 1980. *Surgir*, d'Hugues Dufourt, est créé salle Pleyel sous la direction de Claude Bardon, le 13 février 1985, la même année où l'Orchestre fait découvrir au public *Raga-Mala, Deuxième Concerto pour sitar* de Ravi Shankar, dans le cadre de l'année de l'Inde. En 1988 est créée l'œuvre de Luciano Berio, *Concerto II (Echoing Curves),* fruit d'une commande du ministère de la Culture et de la Fondation Total pour la musique, pour l'Orchestre de Paris.

Les programmes inspirés par Semyon Bychkov (directeur musical entre 1989 et 1998), tout en faisant une place particulière à la musique symphonique russe (de Tchaïkovki et Moussorgski, Chostakovitch ou Stravinski, jusqu'à Schnittke) dans le répertoire

Le chef d'orchestre
Georg Solti et
l'Orchestre de Paris
au cours d'une
répétition pour
un enregistrement
Decca. Salle Wagram,
30 mai 1974.

Les compositeurs
Witold Lutoslawski
et Henri Dutilleux,
Mstislav Rostropovitch
au moment de
l'enregistrement
des concertos
pour violoncelle
de Lutoslawski
et de Dutilleux,
salle Wagram.
24 décembre 1974.

Le flûtiste Michel
Debost, la pianiste
et organiste Henriette
Puig-Roget à l'orgue.
Enregistrement, salle
Wagram, du *Requiem*
de Fauré, 31 janvier-
1er février 1974.

Georg Solti et Luben
Yordanoff, premier
violon, au cours
d'une répétition pour
un enregistrement
Decca. Salle Wagram,
30 mai 1974.

Philippe Manoury,
compositeur,
au moment de
la création de son
opéra *60e Parallèle*
au Théâtre du Châtelet,
par l'Orchestre de Paris,
1997. Philippe Manoury
a été compositeur
en résidence à
l'Orchestre de Paris.

traditionnel d'un grand orchestre, s'ouvrent à l'époque contemporaine par de nouvelles créations mondiales, par exemple les *Trois scènes pour orchestre* de Gilbert Amy, en janvier 1996, ou le *Deuxième Concerto pour violon* d'Éric Tanguy (avec Philippe Aïche au violon, exécuté par l'Orchestre de Paris en février 1997 sous la direction de Bychkov). Philippe Manoury est alors compositeur en résidence à l'Orchestre de Paris, qui participera à la création mondiale de son opéra, *60e Parallèle*, sous la direction de David Robertson au Théâtre du Châtelet en mars 1997.

Un nouveau cycle de musique de chambre commence en 1995, en partenariat avec le Théâtre du Châtelet, que Stéphane Lissner dirige, en même temps qu'il est directeur général de l'Orchestre de Paris. Ces concerts, qui ont lieu le dimanche matin, renouent avec la tradition amorcée par Daniel Barenboïm, permettant au public de découvrir, en solistes, les instrumentistes de l'Orchestre, dans des œuvres qui parcourent le répertoire, de Mozart à Astor Piazzola. Les solistes de l'Orchestre de Paris donnent chaque année une série de concerts de musique de chambre, pour lesquels un partenariat s'est établi dans les dernières années avec le musée d'Orsay et l'université de la Sorbonne.

Les concerts pour les jeunes sont également mis en place en collaboration avec le Châtelet, dès 1991. Le jeune public peut ainsi se familiariser avec un répertoire varié, depuis la musique de chambre jusqu'aux grands classiques de la musique symphonique. En mars 1997, Philippe Manoury vient par exemple participer, avec David Robertson, à une conférence explicative sur son nouvel opéra, *60e Parallèle*.

La période de Semyon Bychkov s'achève, en 1998, peu après le départ de Stéphane Lissner et la nomination d'un nouveau directeur général – Georges-François Hirsch – à la tête de l'Orchestre de Paris, en juin 1996. C'est le début d'une époque de changements qui commence avec la nomination, en septembre 2000, du directeur musical Christoph Eschenbach – il avait été précédé pendant deux saisons de Christoph von Dohnanyi, conseiller musical et premier chef invité.

Sous l'impulsion de la nouvelle direction de l'Orchestre, de nouvelles orientations artistiques se dessinent, d'autant plus nécessaires que la formation va bientôt se confronter à de rudes difficultés, notamment en ce qui concerne son lieu de résidence : la salle Pleyel fermant pour travaux en 2002, l'Orchestre de Paris part pour le Théâtre Mogador au début de la saison 2002-2003.

Le violoncelliste
et chef d'orchestre
Mstislav Rostropovitch
avec l'Orchestre
de Paris pour
l'enregistrement
de *Chéhérazade*
de Rimsky-Korsakov.
Salle Wagram,
16 juillet 1974.

Le compositeur
et chef d'orchestre
Pierre Boulez au Palais
des Congrès au cours
d'une répétition,
le 4 décembre 1976,
avec l'Orchestre
de Paris et les
chœurs de la BBC,
pour un programme
Schoenberg, Stravinski.

Christoph Eschenbach
(piano) et Éric Picard
(violoncelle), musique
de chambre à
la Cité de la musique.
24 septembre 2000.
Au programme
Fantasiestücke pour
violoncelle et piano
de Schumann.

Des projets fédérateurs tout d'abord, de longue haleine, donnent sa physionomie à la programmation artistique. Tout en enracinant l'Orchestre dans sa tradition historique, ils l'ouvrent sur les institutions extérieures et une programmation contemporaine.

« Berlioz 2003 »

Ainsi, la célébration du bicentenaire de la naissance d'Hector Berlioz (projet intitulé « Berlioz 2003 » et dont la programmation commence dès l'année 2000) va-t-elle réunir les énergies d'un Comité international de spécialistes berlioziens, dirigé par Jean-Pierre Angremy (alors président de la Bibliothèque nationale de France), et composé de chercheurs et musicologues comme Pierre Citron, Yves Gérard, Jean Mongrédien, David Cairns, Peter Bloom, D. Kern Holoman, Hugh MacDonald, ou encore le collectionneur Richard Macnutt. Sous les auspices de ce Comité, l'Orchestre de Paris s'associe à d'autres grandes institutions – Bibliothèque nationale de France, Académie de France à Rome, Conservatoire national

supérieur de musique et de danse de Paris, musée d'Orsay, Association nationale Hector Berlioz, ministère des Affaires étrangères – pour faire rayonner l'œuvre de Berlioz. Une grande exposition, à la Bibliothèque nationale de France, « Berlioz, la voix du romantisme », couronne cette célébration, d'octobre 2003 à janvier 2004.

Par sa grande diversité et son ambition, ce projet artistique va au-delà des « cycles Berlioz » traditionnels qui avaient pu être organisés par la Société des concerts puis par l'Orchestre de Paris dans ses débuts. L'Orchestre, entre 2000 et 2003, interprète l'intégralité de l'œuvre du compositeur : le public peut alors entendre, certes, les chefs-d'œuvre célébrés de Berlioz – de la *Symphonie fantastique* à *Roméo et Juliette*, en passant par le *Requiem* –, mais aussi des partitions moins connues comme les *Huit scènes de Faust*, cette création lyrique de la première jeunesse du compositeur, annonciatrice de *La Damnation de Faust*. Ou encore les cantates du prix de Rome, comme *Herminie* et *La Mort d'Orphée*, et cette transcription pour orchestre, rarement jouée, du *Roi des Aulnes* de Schubert. Le *Ballet des ombres* ou *Le Cinq Mai* (*Chant sur la mort de l'empereur Napoléon)*, œuvres d'une extrême rareté dans le répertoire des orchestres, peuvent alors être découverts par le public parisien.

Avec « Berlioz 2003 », l'Orchestre de Paris élargit aussi son expérience de la musique lyrique et de la musique contemporaine. Il participe en 2000 à l'opéra *Les Troyens*, sous la direction de Sylvain Cambreling, production d'Herbert Wernicke, dans le cadre du Festival de Salzbourg. Il va également présenter *Béatrice et Bénédict* à l'Opéra-Comique, à Paris, en mai 2001, avec les jeunes chanteurs formés au cours d'une master-class de chant dirigée par Régine Crespin à la Fondation Royaumont. *Benvenuto Cellini*, opéra de Berlioz si rarement entendu, sera exécuté en version de concert au Théâtre Mogador, sous la direction de Christoph Eschenbach, avec Annick Massis et Hugh Smith dans les deux rôles principaux de Teresa et Benvenuto Cellini. La programmation s'ouvre aussi, grâce à Berlioz, à l'idée de « concert historique » – une tradition amorcée, il y a longtemps déjà, par la Société des concerts du Conservatoire : sous l'impulsion du Comité international Hector Berlioz, l'Orchestre programme les œuvres qui avaient été dirigées par le compositeur lui-même lors d'un concert, et offre ainsi au public un aperçu de ce que pouvait être la vie musicale parisienne autour de 1850.

« Berlioz 2003 » est l'occasion aussi de réfléchir sur le style et l'écriture musicale de Berlioz, en passant commande, à un certain nombre de compositeurs contemporains, d'œuvres inspirées du maître français. Dès juin 1998, un « mélodrame » de Michaël Levinas, *Euphonia*, mis en scène par Jean-Pierre Miquel, avait été créé au Théâtre du Vieux-Colombier à Paris, inspiré par la nouvelle de Berlioz du même titre. Plus tard, Martin Matalon écrira une œuvre d'après la *Symphonie funèbre et triomphale* de Berlioz, exécutée à la Cité de la musique en avril 2001, et Ivan Fedele une création pour deux pianos et orchestre inspirée de l'écriture berliozienne, donnée en mars 2002. *Noon*, de Philippe Manoury, est une œu-vre pour soprano solo, chœur de chambre, orchestre et dispositif électronique,

sur des poèmes d'Emily Dickinson, écrite « dans l'esprit des symphonies dramatiques de Berlioz » et exécutée le jour anniversaire du bicentenaire de la naissance de Berlioz, le 11 décembre 2003, au Théâtre du Châtelet.

D'autres cycles structurent la programmation de l'Orchestre de Paris. Sibelius en 1999-2000, Bartók, dirigé par Pierre Boulez la saison suivante, une « Promenade musicale à Vienne » en 2003-2004. L'Orchestre n'oublie évidemment pas ses racines, puisqu'une intégrale Beethoven est dirigée par Eschenbach en 2004-2005, ainsi qu'un Festival Brahms et une saison consacrée à la musique de chambre de Mendelssohn. La saison 2006-2007 revient à la musique française : on y fête l'anniversaire des 90 ans d'Henri Dutilleux. La saison 2007-2008, qui célèbre le 40e anniversaire de la création de l'Orchestre de Paris, est résolument contemporaine, avec un cycle Boulez et une création de Kaija Saariaho, commande passée par l'Orchestre de Paris, le BBC Symphony Orchestra et le Deutsches Symphonie-Orchester de Berlin.

Le chef d'orchestre Christoph Eschenbach et Henri Dutilleux, lors des concerts donnés par l'Orchestre de Paris pour la célébration des 90 ans du compositeur. Salle Pleyel, saison 2006-2007.

Les chefs invités

De grands chefs invités viennent diriger l'Orchestre pendant ces cycles de programmation. On ne peut évidemment les citer tous : depuis Wolfgang Sawallisch, qui dirige le cycle Beethoven entre 1994 et 1998, jusqu'à Kurt Sanderling, et à Pierre Boulez, ce dernier est régulièrement invité (par exemple, pour *Le Rossignol* de Stravinski au Châtelet et au Festtage de Berlin, dans une version scénique produite par Stanislas Nordey au début de 1997, avec Natalie Dessay). Frans Brüggen, Christoph Eschenbach, Claus Peter Flor, John Nelson, Jukka Pekka Saraste sont également à l'affiche en 1997. Carlo Maria Giulini dirige le *Requiem* de Verdi en 1998.

Brüggen est fréquemment convié, à partir de 1995, apportant à l'Orchestre une connaissance nouvelle, celle de la musique ancienne – il donnera principalement des symphonies de Haydn et de Mozart. Sous sa direction l'Orchestre de Paris relit et interprète d'une façon nouvelle, pour un orchestre symphonique doté d'instruments modernes, le répertoire ancien. Les instrumentistes sont alors amenés à changer les coups d'archet, ou à bannir le vibrato, ou encore à bouleverser la géométrie traditionnelle de l'orchestre en adoptant une disposition

À DROITE
Le chef d'orchestre
Frans Brüggen,
vers 1995.

Le chef d'orchestre
Claudio Abbado,
le pianiste
Alfred Brendel,
Orchestre de Paris,
janvier 1982, concert
Brahms, salle Pleyel.

Le chef d'orchestre
Seiji Ozawa au cours
d'une répétition pour
un enregistrement
salle Wagram
(programme
Prokofiev, Ravel),
10 octobre 1970.

Le compositeur Olivier
Messiaen et le chef
d'orchestre Zubin Mehta
en juin 1981.

Le chef d'orchestre
Karl Böhm dirigeant
l'Orchestre de Paris
au Palais des Congrès,
12 mars 1900,
pour un programme
Beethoven, Dvořák.

À GAUCHE
Le chef d'orchestre
Carlo Maria Giulini,
vers 1978.

partir d'extraits de la suite pour orchestre *Les Planètes* de Gustav Holst, en collaboration avec les Jeunesses musicales de France.

Dans le cadre d'un projet mené en partenariat avec la Cité de la musique, « Musicoulisses », les élèves et leurs enseignants peuvent découvrir les coulisses du concert et sa préparation. Enfin, les plus âgés peuvent assister aux répétitions des concerts.

D'autre part, en collaboration avec le CNSMDP et le CNR, l'Orchestre de Paris organise, sous l'intitulé « Croq'notes », au Théâtre Mogador de petits concerts d'une vingtaine de minutes où se produisent les solistes de l'Orchestre et des élèves en cycle de perfectionnement au Conservatoire.

Le sitariste et compositeur Ravi Shankar et l'Orchestre de Paris dirigé par Zubin Mehta, salle Pleyel, octobre 1985.

nouvelle : premiers violons à gauche, seconds à droite, altos et violoncelles au centre, contrebasses derrière ou éparpillées dans l'orchestre, les cors à gauche, le reste des cuivres à droite.

Une politique d'ouverture

L'année 2002 est une charnière importante dans l'histoire récente de l'Orchestre. En même temps qu'il part pour le Théâtre Mogador, il développe sa politique d'ouverture vers le jeune public, ses concerts de musique de chambre, et une coopération importante se met en place avec le Conservatoire national de Région de Paris (CNR) et avec le Conservatoire national supérieur de musique et de danse de Paris (CNSMDP), grâce à son directeur Alain Poirier.

L'offre pour le public scolaire se diversifie. Une série de concerts est organisée à la Cité de la musique, mêlant concert et pédagogie : la *Symphonie fantastique*, en mars 2001, *La Création* de Haydn, en décembre de la même année, ou encore des programmes pédagogiques sur le conte et le fantastique, avec *L'Oiseau de feu* de Stravinski, *Ma mère l'Oye* de Ravel et l'opéra *Le Grand Macabre* de György Ligeti, pendant la saison 2002-2003. Plus récemment, en mars 2006, un concert sur « la musique des planètes » a été présenté au Théâtre Mogador, à

Les jeunes musiciens encore en formation peuvent ainsi côtoyer des musiciens professionnels. Des stages leur sont également offerts au sein de l'Orchestre, depuis la saison 2002-2003. À partir de la saison 2003-2004, l'Orchestre développe, dans le cadre de l'« Académie de l'Orchestre de Paris », différentes actions de formation au métier de musicien d'orchestre, à l'attention de jeunes musiciens professionnels : stages, mais aussi concerts de musique de chambre ou concerts avec l'Orchestre du CNSMDP.

Lors de la saison 2002-2003, le chœur de l'Orchestre de Paris est pourvu d'une nouvelle direction. Laurence Equilbey, conseiller aux activités vocales travaillant avec deux jeunes chefs confirmés, Didier Bouture et Geoffroy Jourdain, met en place une nouvelle politique de pédagogie vocale tout en favorisant les exécutions du chœur *a cappella* : un programme « Mitteleuropa XXᵉ siècle » est donné par exemple en juin 2004, avec des œuvres de Bela Bartók, Zoltán Kodály et Bohuslav Martinů ; l'année suivante le chœur interprète des œuvres de Francis Poulenc, Benjamin Britten et Samuel Barber, à l'église Saint-Eustache de Paris[16].

---

16. Voir les interviews d'Élisabeth van Moere et de Marc Laugenie, p. 144 et 146.

Jean Rochefort
récitant dans *L'Histoire
du petit tailleur*
de Tibor Harsanyi,
conte musical pour
sept instruments
et percussions,
décembre 1996,
Théâtre du Châtelet
dans le cycle
des « concerts
pour les jeunes ».

Christoph Eschenbach
(piano), Philippe
Berrod (clarinette),
Eiichi Chijiiwa (violon),
Éric Picard (violoncelle).
Cité de la musique,
24 septembre 2000.
*Quatuor pour la fin
du Temps* de Messiaen.

Christoph Eschenbach
Né à Breslau le 20 février 1940
Directeur musical de l'Orchestre de Paris depuis 2000

Dans un entretien donné le 26 avril 2004 à Bertrand Dermoncourt, pour *L'Express*, Christoph Eschenbach revenait sur ses années d'enfance en Allemagne et expliquait comment, au lendemain de la guerre et des catastrophes personnelles qu'elle avait amenées, la musique l'avait « ouvert de nouveau au monde » et lui avait donné « une seconde vie ».

Ses premières études musicales sont pianistiques : à 10 ans, il remporte le premier prix du concours Steinway, à Hambourg. C'est un concert de l'Orchestre philharmonique de Berlin dirigé par Wilhelm Furtwängler, en 1951, qui lui révèle sa vocation : « Je me souviens encore du programme : les *Quatrième* et *Cinquième Symphonies* de Beethoven, ainsi que la *Grande Fugue*. Pour l'enfant que j'étais, Furtwängler avait des mains magiques. J'étais également fasciné par les mouvements ondulants de son corps, qui inspiraient miraculeusement ses musiciens. »

Ses parents adoptifs, musiciens eux aussi, le poussent alors à étudier un instrument de l'orchestre : il pratiquera pendant quelques années, en plus du piano, le violon et l'alto.

Après avoir terminé ses études au Conservatoire de Hambourg (piano, direction d'orchestre et violon) à 24 ans, Eschenbach choisit la carrière pianistique. En 1965, son premier prix au Concours Clara Haskil à Lucerne marque le point de départ de sa carrière de soliste.

Invité dans les grands centres musicaux, il participe également à de nombreuses tournées, notamment avec le Cleveland Orchestra et George Szell, et collabore avec Herbert von Karajan. L'interview avec Bernard Dermoncourt précise son impression de ces deux grands chefs : « Szell était très précis et plutôt un sculpteur, alors que Karajan était plutôt un peintre musical : lorsqu'il dirigeait, j'avais l'impression qu'il peignait de grands tableaux, jouant avec les nuances de couleurs. »

C'est en 1972 qu'Eschenbach commence une carrière de chef d'orchestre : « Le piano en soliste, à ce moment-là, ne m'intéressait plus beaucoup. Être seul sur le plateau, non ! Je voulais désormais faire de la musique avec les autres. J'ai continué à interpréter des concertos pour piano en dirigeant moi-même l'orchestre, à jouer de la musique de chambre, à accompagner des chanteurs. Mais plus jamais je ne me suis produit seul. J'avais changé. »

Il fait ses débuts américains en 1975 au pupitre de l'Orchestre symphonique de San Francisco. Il travaille ensuite avec la plupart des grands orchestres américains (New York Philharmonic, Los Angeles Philharmonic, Cleveland Orchestra, orchestres symphoniques de Chicago, San Francisco, Philadelphie, Boston…) et européens (Philharmonia et London Philharmonic, Staatskapelle de Dresde, orchestres philharmoniques de Berlin, Vienne et Munich, Orchestre de Paris). Il est l'invité régulier des festivals internationaux, comme Tanglewood, Hollywood Bowl, Ravinia et Schleswig-Holstein.

Son premier poste de directeur musical était en Allemagne. Son deuxième l'amène en Suisse : de 1982 à 1986, il est directeur musical et artistique de la Tonhalle-Gesellschaft de Zurich. De 1988 à 1999, il occupera la même fonction au Houston Symphony Orchestra, dont il a fait l'un des grands orchestres américains. De septembre 1998 à août 2004, il a été directeur musical de l'Orchestre symphonique de la NDR Hambourg.

Ses choix musicaux, comme chef d'orchestre, le portent vers Bruckner et Mahler : « Chez Mahler, j'aime le raffinement de l'instrumentation, la diction de chaque instrument, qui est comme une personnalité, une expression humaine. Je crois retrouver dans certaines de ses mélodies "rustiques" les origines de ma famille, quelque part entre la Hongrie, l'Autriche, la Pologne et la Bohême. Bruckner me fascine car il a voulu, à travers la musique, construire d'immenses cathédrales sonores. »

Christoph Eschenbach arrive à la direction musicale de l'Orchestre de Paris en septembre 2000 – il est parallèlement directeur musical du Philadelphia Orchestra, depuis septembre 2003.

À la tête de l'Orchestre de Paris, Eschenbach dirigera d'abord l'un des projets musicaux phares de l'orchestre, « Berlioz 2003 », pour la célébration du bicentenaire de la naissance du compositeur. Il apporte aussi à l'Orchestre sa connaissance du répertoire germanique, avec notamment une saison Beethoven-Brahms en 2004-2005. Par ailleurs, Eschenbach, qui a connu la période de résidence de l'Orchestre de Paris au Théâtre Mogador de 2002 à 2006, inaugurera la salle Pleyel rénovée, en septembre 2006, avec une œuvre de Mahler, la symphonie n° 2 *Résurrection*.

Au cours des dernières saisons, outre les concerts parisiens, Christoph Eschenbach a effectué avec l'Orchestre de Paris de nombreuses tournées, en Allemagne, Autriche, Espagne, Grèce, Chine, au Festival Enesco de Bucarest, aux Proms de Londres et aux États-Unis.

Christoph Eschenbach et l'Orchestre de Paris ont effectué ensemble de nombreux enregistrements (Berlioz, Bruckner, Dusapin, Berio, Ravel, Dalbavie, Zemlinsky, une intégrale des symphonies de Roussel).

La direction d'opéra occupe également une grande place dans sa carrière. Il dirige souvent l'Orchestre de Paris dans ce répertoire, et en particulier, durant la saison 2005-2006, dans une production du *Ring* de Wagner, mis en scène par Robert Wilson, au Théâtre du Châtelet, événement musical de la saison parisienne.

Il a dirigé *Così fan tutte* à Covent Garden en 1984 et à l'Opéra de Houston, *Les Noces de Figaro*, *Don Giovanni*, *Così fan tutte* (de Mozart), *Le Chevalier à la Rose*, *Arabella* (de Richard Strauss), *Lohengrin*, *Parsifal* (de Wagner — mise en scène de Robert Wilson), *Salomé* et *Elektra* (de Strauss — mise en scène d'Andrei Serban), *Parsifal* au

Festival de Bayreuth et au Théâtre Mariinsky de Saint-Pétersbourg. En novembre 2001, il donne *Arabella* de Strauss au Metropolitan de New York et en 2004, pour le cinquantième anniversaire du Chicago Lyric Opera, *Don Giovanni* (Mozart — mise en scène de Peter Stein).

Très engagé en direction de la musique contemporaine, Christoph Eschenbach entend développer cet aspect du répertoire dans les années à venir.

Commandeur dans l'ordre des Arts et des Lettres depuis juin 2006, chevalier dans l'ordre de la Légion d'honneur en 2003 et décoré de l'ordre du Mérite étoilé de la République fédérale d'Allemagne, Christoph Eschenbach a également reçu le prix Leonard Bernstein du Pacific Music Festival.

Christoph Eschenbach en répétition à la salle Pleyel : *Turangalîla-Symphonie* de Messiaen, ouverture de la saison 2000-2001 (20 septembre 2000).

Opéras

Les productions d'opéra gardent enfin toute leur importance : associé depuis 1992 à celles du Châtelet, l'Orchestre y a interprété *Wozzeck* d'Alban Berg, sous la direction de Daniel Barenboïm et avec une mise en scène de Patrice Chéreau, en 1992 et 1993 ; *Eugène Oneguine* de Tchaïkovski, dirigé par Semyon Bychkov, mis en scène par Adolf Dresen, en 1992 ; *La Petite Renarde rusée* de Leoš Janáček sous la baguette de Sir Charles Mackerras, dans une mise en scène de Nicholas Hytner, en juin 1995. En 1999 et 2000, l'Orchestre a continué cette collaboration avec le Châtelet, dans des répertoires aussi variés qu'*Outis* de Berio, puis *Hänsel und Gretel* d'Engelbert Humperdinck, l'un et l'autre dans des mises en scène de Yannis Kokkos.

Plus récemment, l'Orchestre continue de s'associer à ces spectacles, se partageant entre productions scéniques et opéras en version de concert. La collaboration avec le Théâtre du Châtelet reste fondamentale : c'est là que l'Orchestre donne *Le Coq d'or* de Nikolaï Rimski-Korsakov, en décembre 2002, sous la direction de Kent Nagano et dans la mise en scène d'Ennosuke III. En février 2003, *Le Freischütz* de Weber est exécuté en version de concert salle Pleyel, avec les récitatifs français de Berlioz, sous la direction de Christoph Eschenbach. La réalisation la plus importante pour la période récente, dans ce domaine, est la participation à l'événement musical parisien de la saison 2005-2006, la *Tétralogie* de Wagner, donnée au Châtelet, sous la direction de Christoph Eschenbach et dans la mise en scène de Robert Wilson. Durant la saison 2007-2008, l'Orchestre apportera aussi son concours aux productions de *Roméo et Juliette* de Pascal Dusapin, à l'Opéra-Comique (sous la direction d'Alain Altinoglu et dans la mise en scène de Ludovic Lagarde), et de *Falstaff* de Verdi, au Théâtre des Champs-Élysées (avec la même direction musicale, spectacle mis en scène par Mario Martone).

Tournées et concerts extérieurs

Christoph Eschenbach
avec le compositeur
Marc-André Dalbavie
et le violoniste Renaud
Capuçon (à droite)
devant la Cité interdite
à Pékin pendant une
tournée de l'Orchestre
de Paris en Chine,
dans le cadre
des années croisées
France-Chine. Octobre-
novembre 2004.

Le Festival d'Aix-en-Provence reste une destination traditionnelle de l'Orchestre de Paris, qui s'y trouve par exemple en juillet 1999 pour donner *La Belle Hélène* de Jacques Offenbach, mise en scène par Herbert Wernicke, sous la direction de Stéphane Petitjean, puis en juillet 2001 pour *Falstaff* de Verdi, avec Enrique Mazzola et dans une mise en scène de Herbert Wernicke.

Les pays européens (Allemagne, Autriche, Angleterre, avec les Proms de Londres, Italie, Espagne – il faut noter aussi la Roumanie en 2001, la Serbie et la Hongrie en 2006) reçoivent régulièrement la visite de l'Orchestre de Paris. Les destinations plus lointaines s'y ajoutent, en voici quelques exemples. Le Japon est sans doute le pays le plus visité : onze fois depuis 1970 – et l'Orchestre y est de retour en 2007. Pour la période récente, Georges

Prêtre y a dirigé la formation en novembre 2001 ; en avril 2005, Michel Plasson a emmené un programme Ravel, Chausson, Debussy ; en 2007, l'Orchestre se produit au Suntory Hall et au NHK Hall de Tokyo, ou encore au Kyoto Concert Hall. Pour la première fois, la formation se rend en 2007 à Taiwan, pour deux concerts au National Concert Hall de Taipei puis en Corée pour deux concerts à Séoul. L'année 2004 a vu l'Orchestre pour la première fois en Chine, sous la direction de Christoph Eschenbach, dans le cadre de « L'Année de la France en Chine ». Il s'est produit dans les plus grandes villes, comme Pékin, Hong-Kong, Shanghai, Canton, pour un programme Berlioz, Ravel, Dutilleux, Marc-André Dalbavie (avec l'œuvre *Double jeu*, pour soprano, et ensemble mixte d'instruments traditionnels chinois et occidentaux, sur des textes du poète et critique américain Ezra Pound).

Les États-Unis constituent une autre destination privilégiée de l'Orchestre : en y retournant en 2002, après huit ans d'interruption, puis en 2003, il renoue donc avec son passé. La formation s'est produite dans des salles prestigieuses, comme Carnegie Hall à New York, avec des programmes essentiellement français – Berlioz, Ravel, Dutilleux, Messiaen, Dalbavie, en 2002, uniquement Berlioz, en 2003.

Compositeurs en résidence, commandes et créations

Après la résidence de Philippe Manoury, l'Orchestre de Paris a fait appel, à partir d'octobre 2000, au compositeur Dalbavie. Pendant cette résidence, Dalbavie participe à la réflexion sur les orientations générales du projet artistique de l'Orchestre, avec le directeur musical, Christoph Eschenbach, et à la vie musicale de l'Orchestre, par les œuvres qu'il compose et sa collaboration avec les solistes.

Tournée de l'Orchestre de Paris au Japon, novembre 2001, sous la direction de Georges Prêtre. Suntory Hall à Tokyo.

Plusieurs de ses œuvres sont programmées : pour orchestre d'abord, comme le *Concerto pour violon*, créé en France par l'Orchestre de Paris, en mars 2001, avec Eiichi Chijiiwa au violon et sous la direction d'Eschenbach. *Color* est créé en janvier 2002 au Carnegie Hall de New York par l'Orchestre de Paris toujours sous la direction d'Eschenbach. *Concertate il suono* sera donné en mars 2002, à la Cité de la musique, dans le cadre d'un « Concert à deux orchestres », réunissant l'Ensemble InterContemporain et l'Orchestre de Paris. Le 29 octobre 2003 est créée au Théâtre Mogador sa pièce *Double jeu* (commande de l'Orchestre de Paris avec le soutien de la SACEM) : l'Orchestre de Paris et des musiciens de l'Orchestre national de Chine sont placés sous la direction d'Eschenbach.

Le chef et l'Orchestre interprètent aussi la création française de *Ciaccona*, en janvier 2004, en même temps que la création mondiale d'une œuvre de Berio, *Stanze* (création posthume issue d'une commande de l'Orchestre de Paris), pour baryton, trois chœurs d'hommes et orchestre.

Des œuvres de musique de chambre de Dalbavie sont également exécutées par les solistes de l'Orchestre : *In Advance of the Broken Time*, pour violon, alto, violoncelle, flûte, clarinette et piano, pièce au traitement instrumental très virtuose, est donnée en juin 2003 à Mogador. En mai 2002, c'est la création de *Trait d'union*, dans le cadre du cycle « musique de chambre avec les solistes de l'Orchestre de Paris », à l'Opéra-Comique. Ce cycle, pendant la saison 2003-2004, programme plusieurs de ses œuvres : sa transcription de *Pelléas et Mélisande* de Fauré en février 2004 ; une pièce pour violon, cor et piano, commande de l'Orchestre de Paris et de la SACEM, en mars ; enfin en mai de la même année, *Tactus*, pour clarinette, basson, cor, piano et quintette à cordes.

L'Orchestre de Paris a passé de nombreuses commandes à des compositeurs contemporains dans les dernières années : outre Luciano Berio et Marc-André Dalbavie, il faut par exemple citer Dusapin, dont le concerto pour piano et orchestre, *A quia*, est créé dans le cadre du Festival Beethoven à Bonn, en septembre 2002 avec l'Orchestre de Paris sous la direction d'Eschenbach. Les *Six Pièces pour orchestre* de Bruno Mantovani sont jouées par la formation, pour la première fois aussi, dans le cadre du Festival Musica de Strasbourg, en septembre 2004, sous la direction d'Alexander Briger. L'œuvre de Matthias Pintscher, *Reflections on Narcissus*, commande de l'Orchestre de Paris et de l'Alte Oper de Francfort, est donnée en février 2006 dans le cadre du Festival Présences de Radio-France, avec Eschenbach et le violoncelliste Truls Mørk. Enfin, l'année 2007 a vu trois créations mondiales par l'Orchestre de Paris : *Natura* de Luís de Pablo, en mars, *Portraits sans visage* de Stroppa, en mai, et, en juin, un *Concertino* pour piano et ensemble à cordes, de Dalbavie.

LES SALLES PARISIENNES

QUATRIÈME PARTIE

Les salles parisiennes

La salle du Conservatoire

Avant d'être transféré rue de Madrid, en 1911, puis à la Villette, depuis 1990, le Conservatoire de musique (ainsi qu'on l'appelle à son commencement – aujourd'hui Conservatoire national supérieur de musique et de danse de Paris, CNSMDP) se trouve, depuis son origine, dans les bâtiments de l'ancienne École royale de chant et de déclamation, dans l'hôtel des Menus-Plaisirs, rue Bergère (l'actuelle rue du Conservatoire) : c'est là qu'il s'est installé, en 1796, un an après sa création par la Convention. Dans ces locaux des Menus-Plaisirs sera construite la salle des concerts du Conservatoire, si importante pour l'histoire de la Société qui porta le même nom.

Le 9 juillet 1811, dix-sept ans avant que la Société des concerts du Conservatoire s'y fasse entendre pour la première fois, le 9 mars 1828, est inaugurée la nouvelle salle du Conservatoire de musique : destinée aux exercices des élèves (c'est-à-dire aux séances d'orchestre), elle remplace dans cette fonction une ancienne salle affectée au même usage, plus petite, qui continue pendant longtemps encore à abriter les examens et les exercices de déclamation.

Le nouvel édifice est construit par l'architecte François Jacques Delannoy (Prix de Rome, architecte, par exemple, de la galerie Vivienne, à Paris), sur l'emplacement de l'ancienne salle des Menus-Plaisirs (dont elle garde traditionnellement le nom, alternant avec

Entrée des concerts du Conservatoire de Musique.

Une séance de la Société des concerts du Conservatoire.

celui de « Salle du Garde-Meuble de la Couronne », ou encore, plus officiellement, « Salle des concerts du Conservatoire »). Réalisée à l'initiative de Bernard Sarrette, le directeur du Conservatoire, cette construction vient s'adjoindre à un projet architectural plus ancien, celui d'une bibliothèque, dont la première pierre a été posée, déjà, en 1801, mais dont l'achèvement attendra jusqu'en 1860 – le Musée instrumental ouvrira ses portes, lui, en 1864.

Dans la Salle des concerts du Conservatoire devait se produire, jusqu'au lendemain de la Seconde Guerre mondiale, et presque sans interruption, l'orchestre fondé par François Antoine Habeneck en 1828. Aussi le renom de la Société des concerts du Conservatoire, en France et en Europe, est-il indissociable de la réputation de cette salle de concerts, souvent comparée elle-même à un instrument de musique, un « Stradivarius », écrit Antoine Elwart en 1860, dans son *Histoire de la Société des concerts du Conservatoire impérial de musique*, et louée pour constituer un « miracle d'acoustique ».

Ces louanges, il est vrai, ne sont pas immédiates. Les contraintes pour l'édification du bâtiment sont en effet très lourdes : construite sur un espace qui ne peut être agrandi, la salle de concerts n'adopte pas la forme circulaire dont on pense alors qu'elle convient le mieux à l'exécution de la musique. Ainsi, le 10 juillet, au lendemain de l'inauguration, il est écrit dans le journal *Les Tablettes de Polymnie* : « Le plan de la salle est un parallélogramme, ce qui en général est la disposition la moins favorable pour une salle de concerts ; il a été reconnu que celles d'une forme circulaire réunissaient beaucoup plus d'avantages pour les effets d'acoustique. » Le *Courrier de l'Europe* du 9 juillet critique de son côté la disposition des lieux :

« Le parquet [c'est-à-dire le parterre] est la partie la plus considérable, mais il n'a qu'une entrée, de manière qu'une fois placés les spectateurs ne peuvent plus sortir. Quant à l'amphithéâtre, qui est placé au comble, dans un mauvais renfoncement, […] les spectateurs sont là au comble de la chaleur et du méphitisme. […] Quant à la lumière, qui passe à travers d'un vitrage composé de verres dépolis et qui reflète sur des décors blancs, verdâtres et violets, elle rend le visage des spectateurs pâle et jaune, ce qui flatte très peu, sans doute, les dames. La lumière est placée dans le milieu de la salle, de manière que l'orchestre, pour qui la lumière est de premier besoin, n'a qu'un jour de reflet, et se trouve placé dans le lieu le plus sombre. »

D. Kern Holoman a noté dans son livre consacré à la Société des concerts que les photos de la Société des années 1930, au moment où Philippe Gaubert la dirige, montrent toujours un orchestre plongé dans une semi-obscurité, avec un éclairage d'ensemble défavorable.

La décoration de la salle, d'un apparat nouveau pour une simple salle de concerts, retient l'attention du *Journal de Paris* (8 juillet 1811) :

« Un bel escalier à deux rampes conduit à la salle et à la galerie destinée à recevoir la bibliothèque ; il est orné d'un bas-relief d'une grande dimension, représentant Minerve distribuant des couronnes aux diverses parties d'études enseignées dans le Conservatoire. Cette composition, qui n'est point encore terminée, est de M. Lemot [...]. La porte de la salle des exercices, pratiquée sur le premier palier du grand escalier, donne entrée dans un salon qui précède la loge principale. Des colonnes légères supportent une voûte élégamment décorée et percée d'un jour qui éclaire la salle de théâtre. Ces colonnes s'élèvent sous un soubassement comprenant les *loges* du rez-de-chaussée ; elles supportent le rang des premières et celui des secondes loges ; un balcon règne au pourtour de la salle, au-dessus des premières loges ; la hauteur d'appui de ce balcon est ornée de thyrses

Orchestre de la Société des concerts du Conservatoire sous la direction de Philippe Gaubert. Vers 1937.

PAGE DE DROITE
Salle du Conservatoire
(actuellement salle du
Conservatoire national
supérieur d'art
dramatique) après la
restauration de 1985.
La scène vue
de la salle.

Salle du Conservatoire
(actuellement salle du
Conservatoire national
supérieur d'art
dramatique). Détail.

et de festons de pampres, qui reçoivent alternativement des masques comiques et tragiques et des instruments de musique. […] Le ton principal des *tentures* est vert ; les *fonds* de toutes les parties de l'architecture sont gris de lin clair, sur lesquels tous les ornements se détachent en blanc mat, les appuis des premières et secondes loges sont ornés de draperies vertes, avec broderies et franges violettes. »

Ce décor si admiré à son origine fera place plus tard, après les travaux de 1865, à des teintes rouges et à des décors inspirés des mosaïques de Pompéi.

En 1946, l'ancienne organisation du Conservatoire national de musique et d'art dramatique (anciennement « de déclamation ») fit place à deux institutions : le Conservatoire national supérieur de musique (qui avait déménagé en 1911 rue de Madrid) et le Conservatoire national supérieur d'art dramatique, qui hérita de la salle de « l'ancien Conservatoire » et y introduisit avec les années de nombreuses transformations (la bibliothèque de l'ancien Conservatoire, par exemple, fut transformée en salle de cours et de présentation de spectacles d'élèves : c'est l'actuelle salle Louis-Jouvet). Cependant,

une restauration générale, en 1985, s'attacha à remettre en place du moins le décor de 1865, que l'on peut donc admirer lors des quelques concerts qui sont encore parfois donnés dans cette salle.

Revenons à la configuration de la salle à ses origines. L'ouvrage d'Elwart donne quelques plans de la scène et de la salle qui permettent d'imaginer comment pouvaient s'organiser les concerts, du côté des spectateurs et des musiciens.

Les capacités d'accueil de la salle connaissent peu de variations pendant la période où la Société des concerts s'y produit. Le nombre de places demeure autour d'un millier : selon Elwart, la salle abrite 1 100 spectateurs dans les débuts, 956 places en 1860. D. Kern Holoman remarque que ce nombre diminue au tournant du XXe siècle avec 845 places en 1899, à la suite des travaux destinés à accroître les normes de sécurité de la salle ; il se stabilisera à 874 en 1928.

La diminution du nombre de places ne rend que plus criante l'augmentation incessante, d'année en année, des demandes de places et d'abonnements. Certes l'élitiste Hector Berlioz pouvait, en 1835, se prononcer sur les mérites d'une petite salle et d'une saison courte :

« La Société du Conservatoire ne donne que huit séances, à quinze jours de distance l'une de l'autre, pendant les mois de février, mars et avril, qui forment la saison musicale de l'année ; et ces trois mois sont alors considérés par les véritables amateurs de musique comme un temps de fête que leur impatience ne voit jamais arriver assez tôt. En outre, la salle des Menus-Plaisirs ne pouvant contenir plus de 1 200 personnes, nous sommes convaincus que le public capable de comprendre et de sentir les hautes conceptions musicales, ne forme pas dans Paris un total plus considérable. De là il résulte que toutes les places étant retenues fort longtemps d'avance par ce public d'élite, les profanes sont et demeurent nécessairement exclus. » (*Le Rénovateur*, 25 janvier 1835.)

Mais les archives de la Société des concerts montrent un engouement et une demande toujours croissante du public pour obtenir billets et abonnements à la saison musicale. Tout au long du siècle, les abonnements se lèguent de père en fils et constituent un véritable trésor dont nul ne veut se départir, si bien que la *Revue et Gazette musicale* peut écrire avec humour, le 10 février 1856 : « Peut-être faudra-t-il bientôt prouver qu'on est mort pour s'inscrire parmi les abonnés ? » Les archives révèlent

Après 1870

La réorganisation de la vie parisienne après les événements de 1870 fait émerger la nécessité de créer un nouveau conservatoire, l'ancien devenant trop exigu pour recevoir l'afflux des nouveaux élèves. Les travaux de sécurité effectués dans la salle contraignent l'orchestre à partir pour un an à l'Opéra, pendant la saison 1897-1898. Si le concert du dimanche à 14 heures reste une institution inamovible, la Société commence à penser à d'autres horizons.

Ses premières apparitions au Théâtre des Champs-Élysées, aux « matinées Isadora Duncan », en juin 1920, n'aboutissent pas à un contrat définitif ; en janvier 1923, la Société commence néanmoins une série de concerts dans ce nouveau théâtre (il a ouvert en 1913), le jeudi soir. Le 18 octobre 1927, c'est encore la Société des concerts qui inaugure la nouvelle salle Pleyel rue du Faubourg-Saint-Honoré, avec un programme qui la mène de Wagner à Stravinski (ce dernier dirigeant lui-même *L'Oiseau de feu*) : les 2 300 places de la nouvelle salle auraient évidemment donné à la Société le public auquel elle ne pouvait

La salle de spectacles du palais de Chaillot (Édouard Niermans, architecte). Paris, 1937.

prétendre dans son ancien local. Mais les huit concerts donnés en 1928, en plus de la saison habituelle à la salle de l'ancien Conservatoire, ne débouchent pas non plus sur une décision définitive ; il faudra attendre encore longtemps pour que la salle Pleyel devienne la résidence de cet orchestre. D'autres occasions amènent la Société salle Gaveau, ou, de façon plus répétée, au palais de Chaillot, pendant la guerre. La dernière apparition de la Société des concerts dans sa salle du Conservatoire a lieu le 20 mars 1948 : André Cluytens conduit un programme entièrement français, de musique contemporaine, composé notamment d'œuvres d'Yves Baudrier, Henri Tomasi et Jacques Thierac.

Le Théâtre des Champs-Élysées

Dès 1946, le Théâtre des Champs-Élysées est devenu la salle de la Société des concerts du Conservatoire. Comme on vient de le voir, la Société s'y était déjà produite en 1920 puis à partir de 1923, mais elle n'avait pas participé au concert d'inauguration du 2 avril 1913, qui donnait le ton résolument novateur de la programmation du nouveau théâtre : on y avait entendu, notamment, *L'Apprenti sorcier* de Paul Dukas, *La Naissance de Vénus* de Gabriel Fauré et, surtout, le *Prélude à l'après-midi d'un faune* de Claude Debussy.

Le Théâtre des Champs-Élysées, qui compte 2 100 places, est la plus grande des trois salles construites pour un complexe plus vaste dont font également partie la Comédie des Champs-Élysées (750 places) et le Studio (250 places). Ces salles furent perçues à l'époque de leur inauguration comme une « révolution de l'architecture », à laquelle devraient répondre les avant-gardes artistiques – musicales notamment.

Gabriel Astruc, imprésario, éditeur de musique et fondateur de la revue *Musica*, promeut l'idée d'édifier un grand théâtre moderne à Paris. L'étude de l'ensemble, après diverses étapes, est confiée aux frères Perret, entrepreneurs, architectes et techniciens du béton armé, qui intègrent dans leur projet des décors conçus par de grands artistes contemporains. La façade conçue par l'architecte Henry Clemens Van de Velde prévoit une frise de sculpture monumentale par Antoine

Programme.
La Société des concerts du Conservatoire vous présente sa saison d'automne. Chaque dimanche à 17 h 45 au Théâtre des Champs-Élysées, octobre-décembre 1959.
(Paris, BNF, Musique.)

Bourdelle : un panneau y est consacré à la musique, où sont représentés face à face une jeune violoniste et un faune, représentation que Bourdelle commente ainsi : « L'âme moderne étreint le frêle violon et la musicienne, par le tumulte des grands plis qui tournoient autour d'elle, donne le trouble, le tourment qui tournoie dans les pleurs du marbre. »

La salle de théâtre est de conception nouvelle et se différencie d'une salle à l'italienne : les piliers de béton permettent d'éviter la construction de colonnes, qui nuisent à la visibilité. Le théâtre se compose d'un cercle étagé de gradins, les corbeilles sont très dégagées au centre de la salle, ce qui permet aux spectateurs de mieux voir, et les loges sont dirigées vers la scène, et non vers la salle. Le plafond du théâtre est exécuté par Maurice Denis (tandis qu'Édouard Vuillard est chargé du foyer de la comédie et Ker Xavier Roussel du rideau de scène de la comédie) et prend comme thème général *La musique*. Entre autres représentations musicales, Beethoven y apparaît, sous les traits d'un héros antique, entouré de ses neuf symphonies et de

Théâtre des
Champs-Élysées,
intérieur de la salle.

la *Messe en ré* (c'est-à-dire la *Missa solemnis*). La Société
des concerts, qui se produisit dans cette salle pendant
près de quarante ans, dut se sentir à son aise sous l'égide
du compositeur qui avait fait l'essentiel de son répertoire
pendant le premier siècle de son existence.

Jusqu'en 1975, avec quelques interruptions, ce théâtre
fut le lieu d'accueil de la Société des concerts et de
l'Orchestre de Paris qui s'y produisit les dimanches
après-midi, avec répétitions générales publiques les
samedis à 10 heures.

Salle Pleyel
et Théâtre Mogador

La résidence de l'Orchestre de Paris à la salle Pleyel, qui commence en 1981, a été précédée d'une période de nomadisme pour cette formation symphonique : de 1967 à 1970, l'Orchestre se produit à la Gaîté-Lyrique ; de 1970 à 1975, de nouveau au Théâtre des Champs-Élysées ; de 1975 à 1981, au Palais des Congrès. D'autre part, la résidence à la salle Pleyel a été interrompue par le départ de l'Orchestre pour le Théâtre Mogador, entre 2002 et 2006, du fait des travaux entrepris pour la rénovation de la salle Pleyel. Enfin, l'Orchestre de Paris s'est produit très régulièrement, depuis 1992, au Théâtre du Châtelet, tant pour des représentations d'opéra que pour des concerts de musique de chambre ou encore des productions destinées aux « jeunes publics ».

Le Théâtre Mogador, asile de l'Orchestre donc pendant quatre saisons, n'était pas destiné aux concerts de musique symphonique. Fondé en 1913, comme le Théâtre des Champs-Élysées, sur le modèle des théâtres de music-hall londoniens, principalement consacré à l'opérette, il avait accueilli au cours des années 1920 les Ballets russes de Serge de Diaghilev. Grâce aux financements de l'État, de la Ville de Paris et de la Région, il est réaménagé en 2002 pour recevoir l'Orchestre de Paris et son public ; son acoustique est alors transformée

avec le conseil des ingénieurs de l'Institut de recherche et coordination acoustique/musique (IRCAM). Des travaux pour élargir le cadre de scène sont menés, pour que l'orchestre soit mieux placé, et une conque démontable est installée. Le système acoustique « Carmen », fondé sur le principe du « mur acoustique virtuel » (c'est-à-dire des éléments actifs placés sur les parois pour faire varier les données architecturales), a ensuite été mis en place. L'Orchestre de Paris, pour essayer les différentes possibilités offertes par ce système, a joué, sous la direction de John Axelrod, l'ouverture de *Lénore III* de Beethoven dans trois configurations différentes : en acoustique naturelle,

Christoph Eschenbach et l'Orchestre de Paris au Théâtre Mogador, en 2002.

La salle du Théâtre Mogador, vers 2002.

puis avec une acoustique moyennement développée permettant au son de pénétrer sous les balcons et, enfin, avec l'acoustique d'une véritable salle de concerts. Cette installation a permis à l'Orchestre de Paris de continuer à faire entendre au public parisien le grand répertoire symphonique dans des conditions acoustiques que le Théâtre ne laissait pas d'abord envisager.

Si les liens de la Société des concerts avec la salle Pleyel remontent loin dans l'histoire de cet orchestre (comme on l'a déjà vu, la Société inaugure la salle en 1927), ils ne se sont noués véritablement qu'en 1981, lorsque l'Orchestre de Paris est arrivé dans ce lieu de résidence fixe.

Cette salle est l'œuvre des architectes Gustave Lyon et Jean-Marcel Auburtin, qui portèrent une attention particulière à l'acoustique. Gustave Lyon en effet était spécialiste de ces questions : il avait par exemple été chargé

d'améliorer l'acoustique de la salle des Fêtes du Trocadéro, et la salle Pleyel fut considérée comme l'aboutissement de ces recherches qui lient architecture et acoustique. Un ouvrage de Paul Calfas, paru en 1927, portait d'ailleurs ce titre significatif : *La Nouvelle Salle Pleyel de Paris, solution française d'un grand problème d'acoustique.*

Comme le Théâtre des Champs-Élysées, la salle est conçue comme un ensemble artistique (elle s'intitule d'abord « Centre artistique de Paris, salle Pleyel »). Trois espaces d'audition la composent : le grand auditorium, de 3 000 places à l'origine ; la salle Chopin (dite aussi « salle des quatuors »), de 500 places ; la salle Debussy (dite « salle des virtuoses ») de 150 places. Les deux petites salles ne sont pas utilisées par l'Orchestre de Paris, qui se produit dans le grand auditorium, dont les places sont peu à peu réduites : on en compte 2 400 dans les années 1990, 1 910 après la dernière restauration de 2006.

Le Nouvel Immeuble Pleyel, 252, rue du Faubourg-Saint-Honoré à Paris. Plan de coupe de la salle Pleyel. Lithographie. 1927. (Paris, BNF, Arts du spectacle.)

Le Nouvel Immeuble PLEYEL 252, Rue du Faub.ᵍ St. Honoré à PARIS

Semyon Bychkov
et l'Orchestre de Paris
à la salle Pleyel, 1989.

Comme l'explique Arnaud Marion dans son ouvrage *Pleyel, une histoire tournée vers l'avenir* (2005), la salle a été l'objet de nombreuses restaurations : à commencer par celle qui suivit l'incendie du 19 juillet 1928, qui détruisit partiellement la grande salle quelques mois seulement après son inauguration. Mais les principaux travaux commencèrent après 1950. En 1957, pour améliorer l'acoustique et l'esthétique, on modifie le plateau et le cadre de scène ; en 1959, la rotonde du hall d'entrée est modifiée, perdant son ouverture, et en 1961, le plafond est abaissé. Le Crédit lyonnais était propriétaire de la salle depuis 1934 : il l'avait rachetée après la faillite des Pianos Pleyel – la Société Pleyel ayant été le premier propriétaire de la salle qui porte son nom. Une vaste opération de rénovation est menée en 1981 dans le cadre d'une politique de mécénat de la banque : toujours pour des raisons acoustiques et esthétiques, on veut alors rendre à la salle le volume qu'avait souhaité Gustave

Lyon. En 1994, de nouveaux travaux sont menés, au terme desquels les balcons sont transformés, les murs recouverts et le plafond modifié, tandis que la décoration d'origine du sol de la rotonde est remplacée par du marbre blanc. Mais les difficultés du Crédit lyonnais, un an après, amène au rachat de la salle, en 1998, par Hubert Martigny. De nouveaux objectifs sont alors fixés pour sa future organisation : en faire un lieu d'accueil international, y accueillir un orchestre résident et des orchestres invités, améliorer l'acoustique, l'accueil et le confort des musiciens et du public. En 2004, un accord est passé entre le propriétaire et l'État : la salle Pleyel serait rénovée aux frais du propriétaire puis louée à l'Établissement public de la Cité de la musique pour une période de cinquante ans, la salle étant ensuite cédée à l'État pour un euro symbolique. Sa rénovation commence donc en janvier 2005 pour s'achever pendant l'été 2006 : l'Orchestre de Paris sera l'orchestre en

PAGE DE DROITE
Salle Pleyel rénovée.
Mosaïque sous
la coupole du grand
hall d'entrée. 2006.

Salle Pleyel rénovée.
Hall d'entrée
et escalier d'accès
à la salle. 2006.

Salle Pleyel
rénovée. 2006.
Ci-dessus, élément
de décoration.
Ci-contre, vue
de l'intérieur
de la salle.

résidence de cette salle. Le 13 septembre 2006, l'Orchestre de Paris et son chœur, dirigés par Christoph Eschenbach, inaugurent la nouvelle salle avec l'exécution de la symphonie *Résurrection* de Gustav Mahler.

Cette campagne de travaux a essentiellement porté, une fois encore, sur l'acoustique dont des études récentes avaient permis de préciser les défauts. Arnaud Marion les définit ainsi : « Manque d'intimité visuelle et acoustique entre l'auditoire et les interprètes, sensation d'enveloppement insuffisante avec un son émis sur scène trop frontal. » La restauration apporte plusieurs nouveautés : outre les 150 places situées derrière le plateau d'orchestre, la scène est agrandie ; afin d'améliorer la sensation d'enveloppement et la clarté du son, deux balcons latéraux sont construits, qui ont une fonction d'« abat-sons » — on peut y placer 19 personnes ; le plafond de lattes de bois est supprimé pour diminuer l'absorption du son dans cet espace. Du fait de la diminution du nombre de sièges, les espaces pour les spectateurs sont plus confortables. La salle a également renoué avec l'esthétique de son style d'origine, Art déco : la rotonde du hall a ainsi retrouvé sa lumière et son ouverture, à l'étage, sur un vaste foyer, ainsi que la splendide mosaïque supprimée en 1994.

Inauguration
de la salle Pleyel
rénovée
le 13 septembre 2006.

Messieurs

Je possède une assez belle collection musicale,
de parties séparées, d'orchestre et de chœurs, et
de partitions, gravées et manuscrites, représentant la presque
totalité de mes ouvrages. J'ai souvent
pensé avec inquiétude à ce que deviendrait
après ma mort cette coûteuse collection,
et j'ai tout lieu de craindre qu'elle
ne soit en dispersée ou mal employée
ou même conservée intacte ~~trop~~ inutilement.
~~Voudez vous~~ La société des concerts
du conservatoire est la seule institution
musicale de France, dont l'avenir ~~qui~~ puisse inspirer
de la confiance à un compositeur, je serais heureux

qu'elle voulut bien ~~lui rendre~~ dès aujourd'hui ~~acception~~
~~d'accepter~~ en don ~~la propriété~~ de cette
musique et ~~de~~ la recueillir dans sa
bibliothèque particulière. Peut-être
plus tard ces ouvrages auront ils
pour la société des concerts quelque
valeur. Je vous demanderais seulement,
messieurs, dans le cas où ~~vous~~ mon
~~demande~~ offre serait accueillie, de me permettre
de faire usage, ma vie durant, de
[...] Spour me concerts
[...] pour mes voyage [...]
m'engageant à vous les restituer intégralement
après que vous en aurez fait dresser
l'inventaire.

Recevez, messieurs, et chers
camarades, l'assurance des ~~my~~
sentimens d'estime et d'affection
de votre tout dévoué

Hector Berlioz

Portrait d'Hector
Berlioz, 1858.
Photographie
de Franck.

CINQUIÈME PARTIE

La bibliothèque musicale et les archives

Héritier de la Société des concerts du Conservatoire, l'Orchestre de Paris a recueilli au moment de sa création en 1967 la plus grande partie de ses archives administratives. Il a également été le dépositaire de la bibliothèque musicale qui avait été constituée au fil de son activité depuis sa création en 1828. Une grande partie de celle-ci est maintenant déposée au département de la Musique de la Bibliothèque nationale de France. Ces deux ensembles représentent un outil inestimable pour la recherche et, par bien des côtés, unique dans le paysage français.

Une première mise en valeur de ces documents a été réalisée en 1978 sous la forme d'une exposition due à Jean-Michel Nectoux qui marquait à la fois le 10ᵉ anniversaire de la création de l'Orchestre de Paris et le 150ᵉ anniversaire de la création de la Société des concerts du Conservatoire. La publication réalisée à cette occasion[17] mettait en valeur l'un des fleurons des archives déposées en 1975 à la Bibliothèque nationale, le livre d'or de la Société[18], sorte de mémoire de l'histoire de la Société, mémoire abrégée mais d'un fort poids symbolique en raison des témoignages qu'il offre sur bien des aspects de la vie de la Société. Dans la même exposition, de nombreux programmes et affiches de toutes les époques illustraient aussi bien les choix artistiques des principaux chefs d'orchestre

de la Société que l'inscription des activités de celle-ci dans l'histoire culturelle et politique de la France, tandis que plusieurs « souvenirs et témoignages », notamment de Felix Mendelssohn ou de Richard Wagner rappelaient l'immense force d'attraction et le prestige de la Société dans l'Europe musicale du XIXᵉ siècle.

Le livre d'or

Cette pièce essentielle se présente sous la forme d'un beau volume relié dans lequel ont été insérées une cinquantaine de lettres fort hétérogènes par leur contenu. Le plus ancien document est la lettre de Frédéric Chopin à la Société des concerts datée du 13 mars 1832, le plus récent, les lignes d'hommage signées par Daniel Barenboïm le 4 juillet 1962.

Alors installé au numéro 4 de la Cité Bergère, Chopin s'adresse à « Messieurs les membres du comité de la Société des concerts » :

« J'ambitionne extrêmement la faveur d'être entendu à un de vos admirables concerts, et je viens la solliciter de vous.

---

17. *Petit journal* de l'exposition publié par l'Association pour le 150ᵉ anniversaire de la Société des concerts du Conservatoire.
18. BNF, Musique, Ms. 17668.

DOUBLE PAGE PRÉCÉDENTE
Brouillon de la lettre adressée par Hector Berlioz à la Société des concerts du Conservatoire, 25 mars 1863. (La Côte-Saint-André, musée Hector-Berlioz, inv. R 96.391.)

Confiant, à défaut d'autres titres pour l'obtenir, dans votre bienveillance pour les artistes, j'ose espérer que vous voudrez bien accueillir favorablement ma demande. »

Dans le coin supérieur gauche une note indique le sort réservé à cette requête : « Demande arrivée trop tard », assortie de « Rép. » pour « répondu » et d'un paraphe.

À elle seule, cette lettre résume certains aspects du fonctionnement qu'il faut bien qualifier de bureaucratique de la Société des concerts, une caractéristique que l'on ne saurait considérer comme un défaut puisqu'elle nous vaut l'extraordinaire et assez unique ensemble d'archives laissé par cette Société. En effet, la lettre de sollicitation de Chopin n'est qu'une pièce parmi des centaines par lesquelles les artistes ont proposé leur collaboration, espéré, pour les interprètes, jouer avec l'orchestre, pour les compositeurs, faire interpréter leurs œuvres. Il faut y ajouter les lettres de recommandations pour

de jeunes musiciens plus obscurs recherchant un poste au sein de l'orchestre. À ce type de sollicitations de nature artistique, il faut ajouter les milliers de missives réclamant une loge, une place, ou exigeant, parfois de façon un peu péremptoire, un changement de siège pour la saison suivante. Deuxième constatation suggérée par la lettre de Chopin : l'importance du rôle du comité de la Société des concerts. Le livre d'or montre éloquemment que le comité possède un pouvoir de décision supérieur à celui du président auquel d'autres lettres sont envoyées. Ainsi, c'est au comité que s'adresse la lettre d'Hector Berlioz du 19 décembre 1863 par laquelle il sollicite la succession de Théophile Alexandre Tilmant[19] :

« Messieurs,

Veuillez informer la Société des concerts du Conservatoire que je la prie de me compter parmi les artistes qui sollicitent ses suffrages pour la place de chef d'orchestre devenue vacante par la retraite de M. Tilmant.

Paris, le 1er Aout 1871

Messieurs

L'emploi de chef des chœurs de la Société des Concerts étant devenu vacant par suite de la mort de Monsieur Charlot, je serais heureux que vous voulussiez bien me faire l'honneur de me confier cet emploi, pour lequel je crois avoir tous les titres propres à mériter votre confiance.

J'ai l'honneur d'être
Messieurs
Votre très humble &
dévoué serviteur
Th. Dubois
Grand Prix de Rome
Maître de Chapelle de la
Madeleine.

Messieurs les Membres du Comité de
la Société des Concerts du Conservatoire

Petit-neveu de Victor Gras, qui fut, avec Habeneck, un des fondateurs de la Société des Concerts, — petit-fils de Louis Dorus, qui y occupa brillamment le pupitre de 1re flûte, — fils de l'un de ses plus dévoués serviteurs, violoncelle solo et membre du Comité pendant quelque trente ans, je crois bien n'avoir manqué aucun des Concerts de la Société entre 1884 et 1894. — C'est elle qui m'a fait aimer la musique, objet du culte de toute ma vie. Comment, après avoir eu l'honneur d'en être le président pendant vingt ans, ne lui conserverais-je pas le plus fidèle attachement et la plus fervente gratitude ?

Henri Rabaud
1948

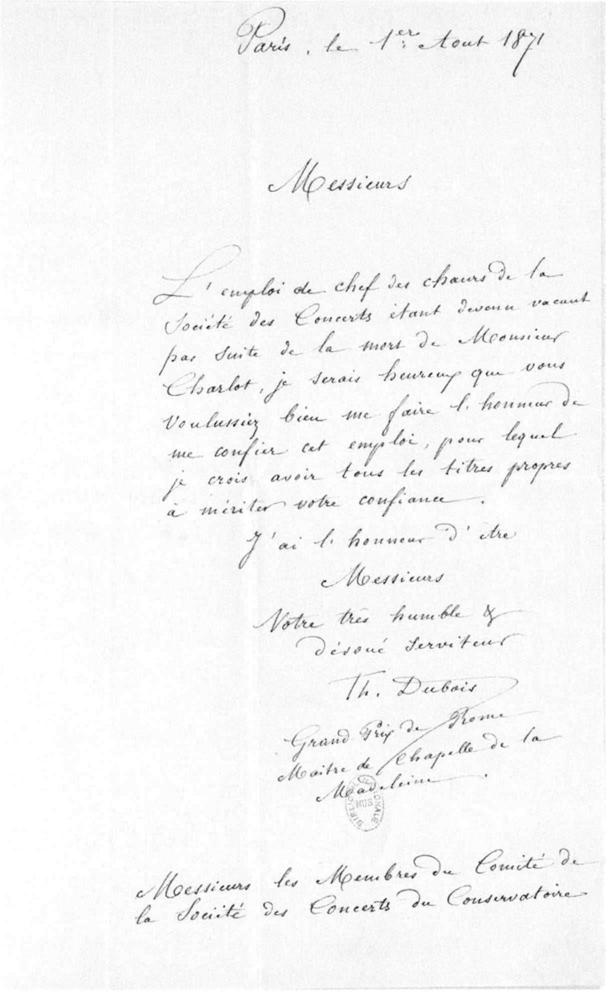

Je serais d'autant plus heureux que votre illustre société me fît l'honneur de me confier ces fonctions que je pourrais maintenant m'y consacrer absolument et y donner tout mon temps. »

Tilmant était le chef en titre depuis 1860 après avoir été chef assistant depuis la fondation de l'orchestre en 1828.

Quelques jours plus tôt, Berlioz, répondant à Eduard Lassen, directeur musical de la cour de Weimar, qui recherchait pour un concert le duo de Chorèbe et Cassandre extrait de *La Prise de Troie*, demandait :

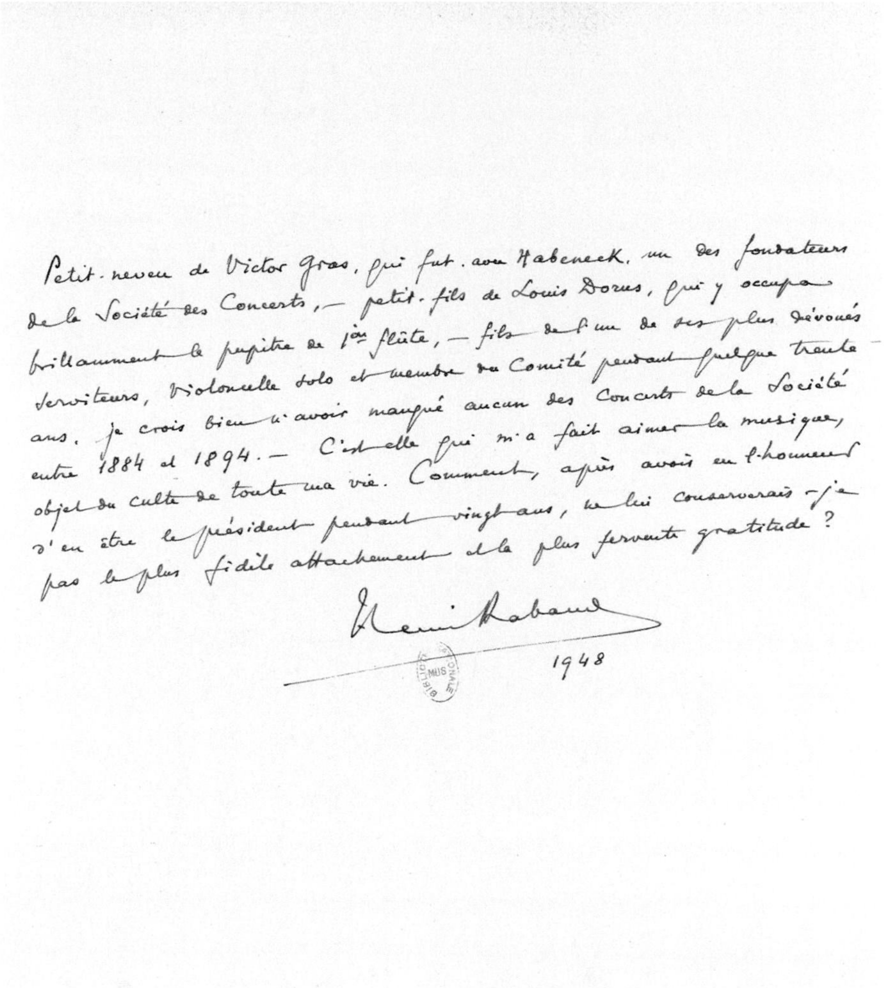

« Aurez-vous le temps de faire copier les parties d'orchestre ? Si je pouvais retrouver celles qui ont servi au concert de Bade, je vous les enverrais. Mais *j'ai donné toute ma musique* à la Société des concerts du Conservatoire, et je ne crois pas, si on retrouve ce morceau, qu'ils veuillent le prêter[20]. »

On sait que Berlioz n'obtint pas le poste sollicité et que le Lyonnais François George Hainl, l'un de ses proches amis et l'un de ceux qui dirigeront régulièrement ses œuvres, notamment *Harold en Italie*, fut élu finalement le 21 décembre au cinquième tour devant Edme Marie Ernest Deldevez. La toute nouvelle liberté à laquelle Berlioz fait allusion dans sa lettre à la Société lui vient d'avoir interrompu depuis le 8 octobre 1863 son activité de critique pour le *Journal des débats* avec la publication d'un feuilleton sur *Les Pêcheurs de perles* de Georges Bizet. Les relations entre Berlioz et la Société sont fondamentales pour l'objet de cet article. En effet, la même année, le compositeur avait pris une décision capitale, celle de donner à la Société des concerts les matériaux qui lui

Henri Rabaud.
Lettre-dédicace à la Société des concerts du Conservatoire, 1948. Livre d'or.
(Paris, BNF, Musique.)

À GAUCHE
Théodore Dubois.
Lettre aux membres du comité de la Société des concerts du Conservatoire, Paris, 1er août 1871.
Livre d'or.
(Paris, BNF, Musique.)

19. Hector Berlioz, *Correspondance générale*, *op.cit.*, t.VI, lettre 2812.

20. *Ibid.*, lettre 2811, 14 décembre 1863.

de mes ouvrages. J'ai souvent pensé avec inquiétude à ce que deviendrait après ma mort cette coûteuse collection, et j'ai tout lieu de craindre qu'elle ne soit dispersée ou mal employée ou même conservée intacte inutilement.

La Société des concerts du Conservatoire est la seule institution musicale de France dont l'avenir puisse inspirer de la confiance à un compositeur. Je serais heureux qu'elle voulût bien dès aujourd'hui accepter en don cette musique et la recueillir dans sa bibliothèque particulière. Peut-être plus tard ces ouvrages auront-ils pour la Société des concerts quelque valeur. Je vous demanderais seulement, Messieurs, dans le cas où mon offre serait accueillie, de me permettre de faire usage, ma vie durant, de ces parties et partitions, soit pour mes concerts à Paris soit pour mes voyages à l'étranger, m'engageant à vous les restituer intégralement après que vous en aurez fait dresser l'inventaire[21]. »

Un peu d'amertume vis-à-vis du public de la Société transparaît dans une lettre précédente qui relate une exécution d'un extrait de *Béatrice et Bénédict*, le dernier opéra de Berlioz directement inspiré par la pièce de William Shakespeare *Beaucoup de bruit pour rien* (*Much Ado About Nothing*) :

« Mesdames Viardot et Vandenheufel ont chanté le Duo du 1er acte de *Béatrice*, et le succès a été prodigieux. Ce public hargneux, hostile aux vivants, s'est oublié

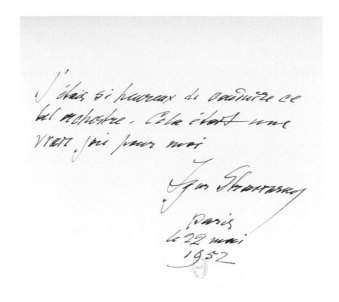

Igor Stravinski. Lettre-dédicace à la Société des concerts du Conservatoire, Paris, le 22 mai 1952. Livre d'or. (Paris, BNF, Musique.)

avaient servi pendant des décennies à diriger les concerts de ses œuvres, don assorti d'une sorte de clause d'usufruit :

« Messieurs,

Je possède une assez belle collection musicale de parties séparées d'orchestre et de chœurs, et de partitions, gravées et manuscrites, représentant la presque totalité

Arthur Honegger. Lettre-dédicace à la Société des concerts du Conservatoire, 1942 ? Livre d'or. (Paris, BNF, Musique.)

LA BIBLIOTHÈQUE MUSICALE ET LES ARCHIVES

jusqu'à crier *bis*, à exiger qu'on recommençât toute la scène et à rappeler l'auteur, (qui s'est abstenu de revenir, comme bien vous pensez)[22]. »

Les autres lettres insérées dans le livre d'or représentent assez bien la plupart des aspects de la vie de la Société du point de vue de ses rouages administratifs et de ses liens avec les institutions culturelles. L'une des plus anciennes lettres, datée de 1837 et destinée à Luigi Cherubini, directeur du Conservatoire et premier président de la Société des concerts, correspond à une sorte de lettre type que l'on retrouve à des centaines d'exemplaires dans les dossiers d'archives : il s'agit simplement d'attribuer ou réattribuer l'une des places, toujours très convoitées, de la salle de concerts trop petite, à telle ou telle personne, souvent des hauts fonctionnaires mélomanes, en l'espèce un inspecteur du mobilier de la Couronne[23]. Charles Gounod use lui-même de son prestige pour demander à l'intention d'un ami un abonnement de parterre.

Un deuxième type de lettre de sollicitation touche à la constitution même de l'orchestre : il s'agit de musiciens faisant acte de candidature à tel ou tel pupitre. Deux exemples. Charles Lamoureux, « premier prix du Conservatoire et premier violon au Théâtre impérial de l'Opéra », sollicite par une missive du 14 novembre 1859 « la faveur de faire partie de la Société des concerts ». Un jeune confrère, alors à ses débuts, Jules Garcin, qui souhaite une place « d'aspirant en cas aux seconds violons » se rappelle simplement au bon souvenir de la Société à qui il soumet sa requête chaque année depuis 1848, soit plusieurs années avant qu'il obtienne un premier prix du Conservatoire (1853) et qu'il devienne sociétaire en 1863 avant d'accéder à la plus haute fonction, celle de chef d'orchestre de la Société en 1885.

---

21. Hector Berlioz, *Correspondance générale, op. cit.,* lettre 2702, 25 mars 1863.
22. *Ibid.,* lettre 2701, 24 mars 1863, à François Schwab.
23. Livre d'or, lettre du 11 janvier 1837.

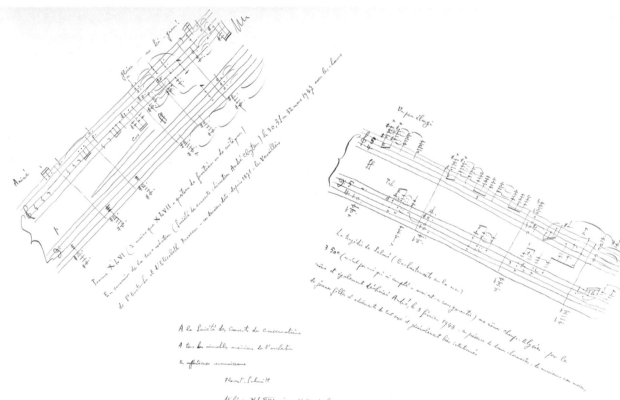

Florent Schmitt.
Lettre-dédicace à
la Société des concerts
du Conservatoire,
16 février XLVIII (1948).
Livre d'or.
(Paris, BNF, Musique.)

Une première marque d'intérêt pour les matériels de la Société des concerts s'est développée au moment où commençaient les travaux pour l'édition des œuvres complètes de Berlioz sous la direction de Hugh Macdonald, lancée en 1969 à la suite du centenaire de la mort de Berlioz. En octobre 1976, le bibliothécaire de l'Orchestre de Paris se voyait assigner la recherche de partitions ou de parties séparées éventuellement annotées pour les œuvres suivantes : *Le Chant des chemins de fer*, *Absence*, *Hélène*, *Le Chasseur danois*, *Zaïde*, *Vox populi*, *Le Corsaire*, *Le Jeune Pâtre breton*, *Benvenuto Cellini* et la *Marche marocaine* de Leopold Meyer orchestrée par Berlioz[26]. Cette recherche qui donna des résultats positifs[27] se fondait sur la volonté même de Berlioz qui, comme nous l'avons vu, avait fait de la Société des concerts le dépositaire et le garant de sa propre mémoire.

Ces premiers matériels figurent dans le catalogue thématique de D. Kern Holoman et ils ont servi pour l'édition des œuvres de Berlioz précitée, achevée en 2004. En effet, les matériels provenant de la Société des concerts occupent une place centrale dans le dispositif des sources berlioziennes quand on sait que, même imprimés, ils ne faisaient pas l'objet de la procédure du dépôt légal qui exigeait (et exige toujours) de tout éditeur le dépôt de ses publications à la Bibliothèque nationale et, au milieu du XIXe siècle, à la bibliothèque du Conservatoire. De plus, pour un compositeur dont les œuvres ont été remaniées constamment et publiées souvent plusieurs décennies après leur création, ils offrent un jalon essentiel et souvent unique dans l'histoire de chaque œuvre. De nombreux matériels ont été préparés par Pierre Aimable Rocquemont, fidèle copiste de Berlioz, qui lui faisait toute confiance pour la rigueur

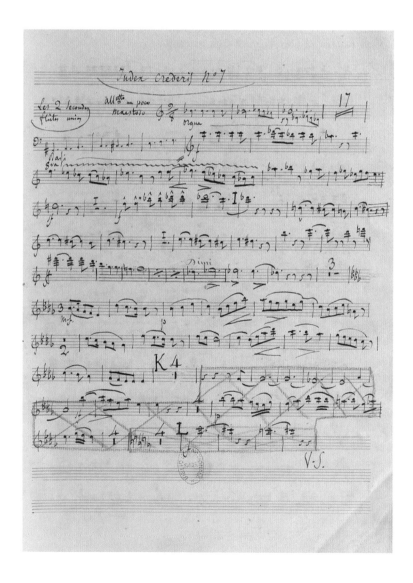

de son travail, tout en révisant soigneusement ses copies. D'après David Cairns, Berlioz aurait pu faire sa connaissance lorsqu'il était choriste au Théâtre des Nouveautés en 1827[28]. On a trace des relations épistolaires de Berlioz et de Rocquemont à partir de 1845, alors que ce dernier travaillait pour le bureau de copie de l'Opéra. Mais il apparaît dans les *Mémoires* à propos de la préparation du gigantesque concert donné le 1er août 1844 à l'occasion de l'Exposition universelle :

« M. Roquemont, homme d'une rare intelligence, d'une activité infatigable, et dont l'amitié pour moi, aussi réelle que la mienne pour lui, l'a fait, en maintes circonstances analogues, me rendre ces services que l'on n'oublie jamais[29]. »

En effet, Berlioz, qui le nomme « un de ses bons amis[30] », renvoie vers lui ses interlocuteurs, le met en contact avec le bibliothécaire du Conservatoire pour emprunter une partition de Gluck ou de Gaspare Spontini. Rocquemont participe aux grandes aventures berlioziennes, à l'organisation musicale de la tournée en Russie en 1847, à la préparation des matériels du *Te Deum* dont deux parties sont de la main de Berlioz (*Judex crederis*) et les autres de celle de Rocquemont et d'autres copistes. C'est de nouveau Rocquemont qui prépare en 1859 le matériel pour la reprise d'*Orphée* de Gluck. Au sein des matériels conservés à la Société des concerts, on trouve sa « patte » dans les parties séparées de la cantate en l'honneur de Napoléon Ier *Le Cinq Mai*, du *Spectre de la rose*, du *Te Deum*, de *L'Impériale*, de l'*Hymne à la France* et de *La Menace des Francs* qui constituent *Vox populi*, enfin de *La Belle Voyageuse*. D'autres matériels peuvent aussi avoir été imprimés et porter néanmoins l'estampille de Rocquemont, souvent associée au cachet de la Société des concerts du Conservatoire. Dans certains de ces ensembles de parties séparées, qu'ils soient manuscrits ou imprimés, se trouvent, on l'a vu, quelques pages de la main de Berlioz et, surtout, des corrections significatives de l'attention qu'il portait à leur relecture. Dans le matériel manuscrit de *L'Enfance du Christ*, une collette (petit fragment de papier collé sur la page initiale pour modifier un passage) est manifestement de l'écriture de Berlioz lui-même (voir p. 74). Certains matériels ont été utilisés pour des concerts à l'étranger. La partie de harpe du *Spectre de la rose* porte la liste des instruments utilisés ainsi que l'indication « Gotha », ville où Berlioz a dirigé l'œuvre le 6 février 1856 ; Berlioz a modifié une nuance : un « poco allargando » devient un « poco

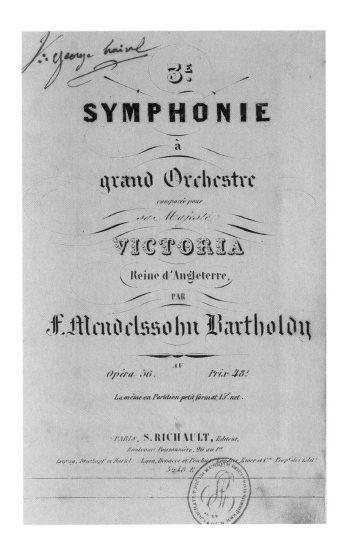

Felix Mendelssohn-Bartholdy.
Troisième Symphonie à grand orchestre composée pour sa Majesté Victoria, reine d'Angleterre, opéra 56.
Paris, S. Richault, [vers 1844].
Avec ex-libris de François George Hainl et cachet de la Société des concerts du Conservatoire.
(Paris, BNF, Musique.)

ritenuto e crescendo ». Les paroles du chœur des fondeurs de *Benvenuto Cellini* ont reçu une traduction en allemand et une note de Berlioz garantit que « les parties d'orchestre du récitatif et de l'air sont bonnes ; il faut seulement supprimer la coda et le chœur qui suit. Le chœur n'est plus maintenant placé après cet air dans l'opéra ». Une traduction-intervention de même nature a été réalisée dans les parties séparées du « Chant

---

26. Lettre de Jean-Michel Nectoux. À M. Balout, Orchestre de Paris, Palais des Congrès.

27. Les parties séparées d'*Absence* ne proviennent apparemment pas de la Société des concerts.

28. David Cairns, *Hector Berlioz*, Paris, Fayard, 2003, t. II, p. 156.

29. Hector Berlioz, *Mémoires*, éd. Pierre Citron, Paris, Flammarion, chap. LIII, p. 424.

30. Hector Berlioz, *Correspondance, op. cit.*, t. VI, lettre 2461, 3 janvier 1860.

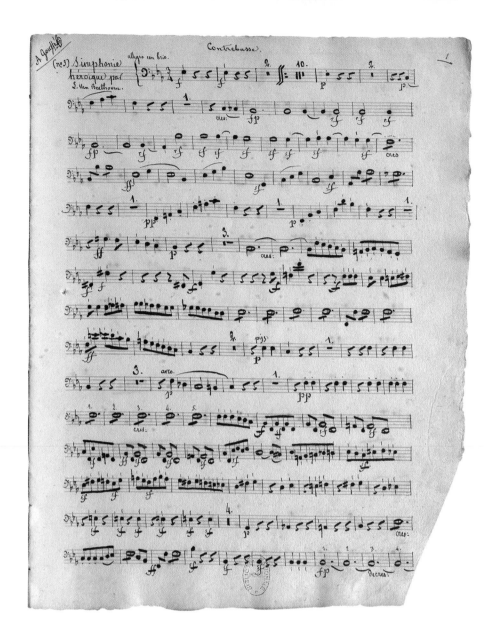

Ludwig van Beethoven.
Troisième Symphonie.
Partie de contrebasse.
Manuscrit, vers 1840.
Avec annotations
de A. Gouffé.
(Paris, BNF, Musique.)

À DROITE
Georg Friedrich
Haendel. *Le Messie.*
Paris, chez F. Gasse
et Marguerie, s. d.
Partition annotée.
(Paris, BNF, Musique.)

de bonheur » (extrait de *Lelio ou le Retour à la vie)* qui seront utilisées en 1855 pour un concert à Weimar. Les parties séparées du *Chasseur danois* ont été réalisées par un copiste de Vienne et portent leur titre allemand (*Der dänische Jäger*), de même que celles de *Zaïde* ou du *Jeune pâtre breton*, toutes œuvres exécutées sous la direction de Berlioz au cours du deuxième grand voyage dans les pays germaniques de 1845-1846. Berlioz corrige avec le même soin les parties imprimées dès lors qu'un effet sonore semble insuffisamment détaillé. Pour le dernier mouvement d'*Harold en Italie*, « Orgie de brigands », lorsque réapparaît le thème de la « Marche de pèlerins », Berlioz ajoute sur la partie de second violon « Un seul second violon dans la coulisse con sordini », alors que les éditions modernes se contentent d'indiquer « lontano » (voir p. 75).

D'autres matériels d'orchestre sont venus compléter en 2007 cet ensemble initialement versé. En voici une première liste :

Harold en Italie, matériel édité par Brandus en 1848 : parties de cordes qui complètent le matériel D. 17541 entré en 1976, la *Symphonie funèbre et triomphale*, matériel de Schlesinger (1843), *Le Cinq Mai* (Richault, 1844), *Tristia* (Richault, 1852 avec l'épreuve corrigée de la partition d'orchestre), la cantate *L'Impériale* (parties de chœurs, Brandus, 1855), *Roméo et Juliette* (Brandus, 1847 et 1857).

Ces matériels d'œuvres de Berlioz ne représentent qu'une partie des matériaux accumulés au cours des décennies par la Société des concerts puis par l'Orchestre de Paris. Bien que, parmi les membres du comité, le « commissaire du matériel » ait été chargé de préparer les copies, de faire l'acquisition ou de louer ces matériaux fondamentaux pour le fonctionnement de l'orchestre, il semble que cette tâche ait plutôt été accomplie par un garçon d'orchestre sous les ordres du bibliothécaire. Dans un orchestre, la pression du quotidien l'emporte sur les procédures qu'implique la gestion de matériaux qui ont acquis au fil des années un statut patrimonial. D'ores et déjà, il est possible d'esquisser une image du contenu de la bibliothèque.

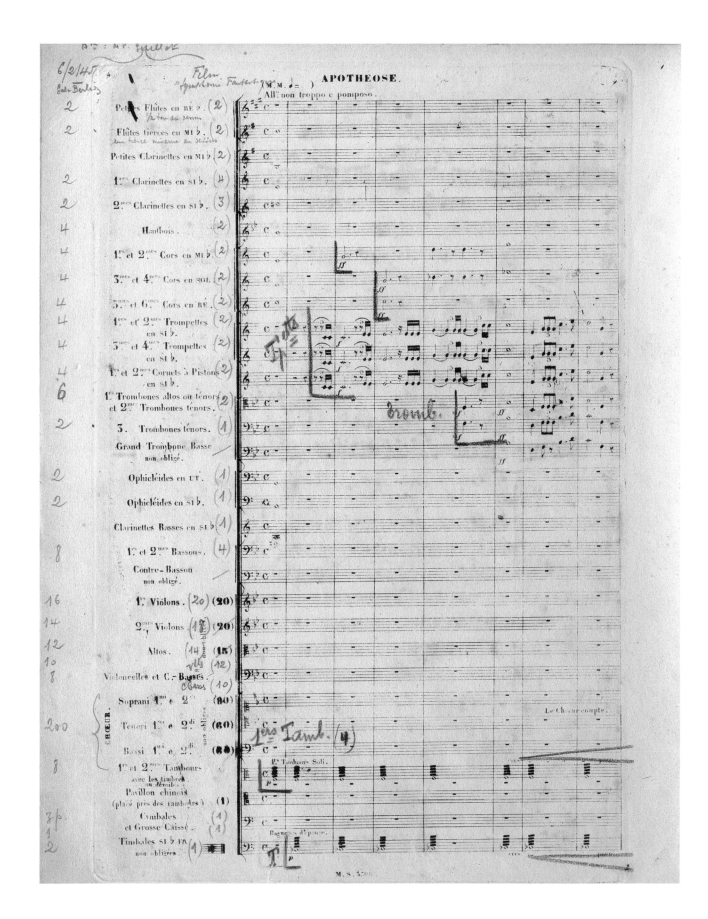

Hector Berlioz.
Symphonie funèbre et triomphale.
Apothéose.
Partition d'orchestre.
Paris, Maurice Schlesinger, [1843].
Avec annotations et cachet de la Société des concerts du Conservatoire.
Selon la note de la page 40, la partition a servi pour le film *La Symphonie fantastique* et pour le gala Berlioz le 6 février 1945.
(Paris, BNF, Musique.)

Les grands représentants de l'école symphonique allemande qui ont fait la célébrité des concerts de la Société, Beethoven, Haydn, Weber, Mendelssohn, Schumann, Brahms, voire Ludwig Spohr, Johannes Wenzeslaus Kalliwoda ou Peter Joseph von Lindpainter, ont été régulièrement joués ainsi que le montrent les matériels édités au milieu du XIXᵉ siècle par les éditeurs français comme Richault ou allemands comme Breitkopf & Härtel. Toutes les symphonies de Beethoven sont ici présentes, de même que *Les Ruines d'Athènes*, l'ouverture de *Léonore* ou *König Stephan*. Certains matériels sont abondamment annotés et portent les

Caricature d'un musicien. Crayon. Sur une partie de premier hautbois de la *Septième Symphonie* de Beethoven. Cachet de la Société des concerts du Conservatoire. (Paris, BNF, Musique.)

strates pas toujours élucidables de décennies d'interprétations. Pour certaines symphonies de Mozart, la précision de la préparation des parties de cordes avec tous les coups d'archet ne surprendra pas. Certains chefs étrangers accueillis par l'orchestre sous la monarchie de Juillet comme l'ami de Berlioz Thomas Taeglischbeck sont représentés. Plus tard ce sera Tchaïkovski puis l'école française, Franck, Saint-Saëns, Debussy, Ravel et bien d'autres. Certaines parties portent les noms des interprètes, parfois illustres. Une partie de contrebasse de la *Septième Symphonie* de Beethoven datée de 1854 porte les signatures d'Auguste Franchomme, l'ami de Chopin, de Jules Déjazet et de Tolbecque. Les noms de Louis Nicolas Gabriel Mathieu, sociétaire de 1828 à 1851, et d'Achille Henri Gouffé, secrétaire de 1842 à 1867, et tous deux contrebassistes, apparaissent sur la partie de basso de la *Première Symphonie* de Beethoven. D'autres artistes au coup de crayon habile ont laissé des croquis et des portraits pris sur le vif pendant les répétitions, portraits d'auditeurs anonymes, de musiciens ou du chef d'orchestre en exercice, Philippe Gaubert.

L'intérêt de la Société pour la musique ancienne est marqué tôt par l'exécution d'extraits d'opéras de Gluck puis par l'acquisition dans les années 1880 des grandes éditions monumentales qui paraissent en Allemagne (Palestrina, Bach, Haendel) puis en France (Rameau). Cependant, l'approche de ces œuvres, opéras ou ballets, se fait systématiquement sous la forme d'extraits le plus

souvent dans des arrangements et des réorchestrations « modernes » conformes au goût du public. La seule œuvre respectée dans son intégrité et constamment rejouée semble être la *Messe en si* de Bach. Les découvertes peuvent d'ailleurs concerner les maîtres classiques. Une partition d'une symphonie de Haydn en *ut* présumée inédite est précédée d'une longue lettre de Richault à Deldevez du 31 mars 1875 discutant de son authenticité. Celle-ci s'appuierait sur l'existence de parties séparées copiées sur un manuscrit disparu ayant appartenu à l'éditeur Sieber, beau-père d'Habeneck. Comme l'explique fort bien D. Kern Holoman, Deldevez se piquait de faire figure de spécialiste de Haydn à une époque où le simple fait d'établir la liste de ses œuvres représentait une démarche aventureuse. Cette symphonie probablement plus tardive fera partie du répertoire de la Société jusqu'en 1939[31].

La liste des musiques déposées en 1992 met l'accent sur d'autres aspects de la constitution de cette bibliothèque musicale impressionnante. En effet, elle contient, aux côtés des matériels d'exécution, les bibliothèques personnelles de plusieurs chefs, partitions que l'on peut identifier grâce à des cachets comme celui de René Emmanuel Baton, dit « Rhené-Baton », auquel parviennent de nombreuses partitions envoyées en hommage ou dans l'espoir d'une exécution prochaine. Pourtant ce chef d'orchestre n'a jamais dirigé l'orchestre bien que celui-ci ait joué au moins des petits chœurs de sa composition : a-t-il légué sa bibliothèque à la Société ou à l'un de ses confrères ?

Une analyse de ces matériels récemment conduite a montré la diversité des pratiques d'annotations selon la méthode des différents chefs d'orchestre, mais aussi la difficulté d'identifier les marques laissées par ceux-ci[32].

Au cours des premières décennies du XXᵉ siècle, l'orchestre s'est peu aventuré dans des œuvres des écoles étrangères même si les matériels de la *Sixième Symphonie* de Niels Gade, de la *Rhapsodie mauresque* de Humperdinck, de celui d'une cantate de Mili Balakirev nuancent cette constatation. Au contraire, le choix

31. D. Kern Holoman, *The Société des concerts du Conservatoire, 1828-1967*, Berkeley, Los Angeles, Londres, University of California Press, 2004, p. 261-263.
32. Nanon Bertrand, « À la découverte de la bibliothèque de l'Orchestre de Paris-Société des concerts du Conservatoire » dans *Congrès de Périgueux*, 8-13 juillet 2001. Bulletin hors série du Groupe français de l'Association internationale des bibliothèques, archives et centres de documentation musicaux (AIBM), Paris, AIBM Groupe français, 2005, p. 8-14.

d'œuvres de compositeurs français maintenant tombés dans l'oubli (Jules Dupasquier, Louis Lacombe, Gustave Le Borne, Robert Brunel, Auguste Emmanuel Vaucorbeil, Ferdinand Ries) laisse à penser que la Société n'osait pas toujours emprunter le chemin de la nouveauté.

C'est une impression tout à fait différente que laissent les matériels provenant de l'Orchestre de Paris, entrés en 2007 à la Bibliothèque nationale de France. Ils évoquent une période toute récente, celle de la direction de Daniel Barenboïm. Un aperçu des titres et des compositeurs met en évidence le caractère novateur de la programmation ouverte aux compositeurs français et étrangers. Voici de George Crumb, *Star Child* (en 1977), de Luciano Berio, le *Concerto per pianoforte solo e due gruppi strumentali*, la *Troisième Symphonie* de Georges Hugon, *Sommer* de Schnittke, *A String Around Autumn* de Toru Takemitsu, *Eridanos* de Xenakis, *Raga Mala* de Ravi Shankar, la *Première Symphonie* de Marcel Landowski, *Surgir* d'Hugues Dufourt, un concerto de York Höller interprété en 1983-1984 par Daniel Barenboïm au piano sous la direction de Pierre Boulez, entre autres.

D'autres activités de la Société ont laissé des traces dans les archives musicales : le concours de composition, l'organisation de concours comme un concours d'orgue dans les années 1880 et, après la Seconde Guerre mondiale, la participation de l'orchestre à des séances d'enregistrement pour des films. Il est fort symbolique que l'orchestre ait illustré le film de Christian-Jaque *La Symphonie fantastique* sur la vie de Berlioz tourné en 1942, Berlioz qui, grâce à Charles Münch, redevient l'un des compositeurs phares de l'orchestre. Le matériel de l'« Apothéose » de la *Symphonie funèbre et triomphale* exécutée lors du gala Berlioz le 6 février 1945 en fait foi. De même que la partition de poche de la *Symphonie fantastique* ayant appartenu à André Cluytens, les archives du chef d'orchestre ayant été déposées par ailleurs à la bibliothèque Gustav-Mahler.

La juxtaposition d'une bibliothèque d'orchestre toujours vivante et d'un fonds historique invite à une grande prudence quant aux conclusions que l'on peut en tirer. Celles-ci doivent être constamment confrontées aux programmes et aux autres types d'archives. Pas de traces concrètes par exemple dans les matériels déposés de la participation de l'orchestre de la Société aux Concerts de la Pléiade et à la création des *Petites liturgies* d'Olivier Messiaen sous la direction de Roger Désormière en 1945.

Les archives administratives

La conservation des archives de la Société des concerts revêt un caractère exceptionnel pour des archives d'ordre privé et pour une institution musicale dont toute l'activité est constamment mobilisée pour le présent et pour l'avenir immédiat. Il semble que la Société se soit préoccupée très tôt de son histoire : il y a peu sinon pas d'exemples d'orchestre pour lesquels on trouve en France des études historiques aussi complètes que celle d'Antoine Elwart ou d'Arthur Dandelot. Le fonctionnement très rigoureux et organisé de la Société dès sa création a pu aussi encourager le maintien de registres et documents qui prouvent au jour le jour les liens très forts unissant les sociétaires et l'orchestre.

Les archives administratives[33] de la Société des concerts commencent véritablement avec les statuts

---

33. La liste complète de ces dossiers se trouve sur l'excellent site Internet consacré à la Société des concerts par D. Kern Holoman : http://hector.ucdavis.edu/sdc

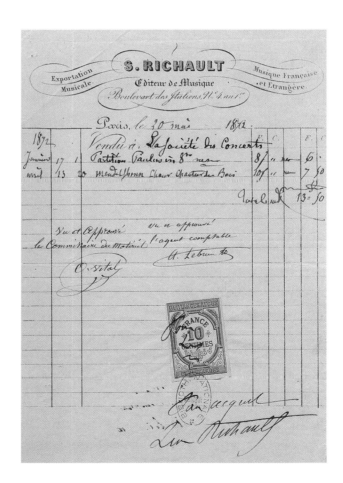

Facture de S. (Guillaume Simon) Richault, éditeur de musique, pour la fourniture de la partition de *Paulus* de Mendelssohn et du chœur *Chanteur des Bois* du même. Paris, 20 mai 1872. (Paris, BNF, Musique.)

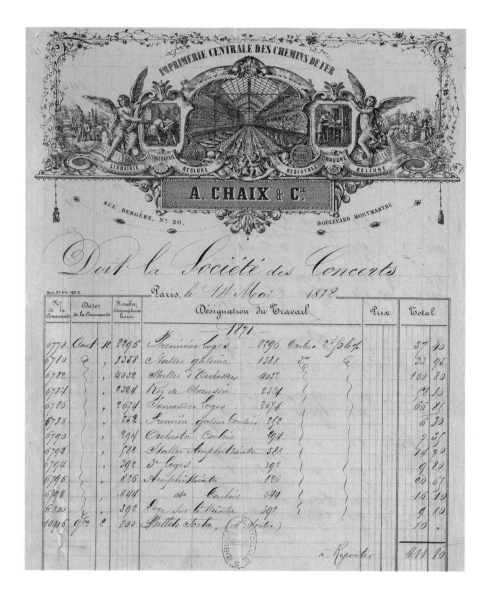

et tient soigneusement le registre de leurs présences et absences qui entraînent le paiement ou le non-paiement de leur part. Les recettes des concerts sont équitablement réparties entre les sociétaires. On ne sera donc pas surpris de constater la prédominance de trois types de registres, les registres des membres, les registres comptables et ceux de procès-verbaux. Dans une association d'intérêts qui repose sur la bonne gestion des finances, on voit que le plus grand soin est apporté à la tenue des comptes et à la conservation des justificatifs de dépenses. Le précieux relevé général des recettes et dépenses des six premiers concerts de 1828 montre que les excellentes recettes ont permis une bonne redistribution entre les sociétaires. Les types de dépenses demeureront les mêmes : impôt au profit des indigents (le fameux « droit des pauvres »), la rémunération des gardes,

DIXIÈME CONCERT, 15 JANVIER 1922

Facture de l'imprimerie A. Chaix et Cⁱᵉ à la Société des concerts pour l'impression des billets correspondant aux différentes places de la salle pour la saison 1871-1872. Paris, 14 mai 1872. (Paris, BNF, Musique.)

À DROITE

Société des concerts. Dixième concert, 15 janvier 1922. Programme. Illustrateur Robert Mahias. (Paris, BNF, Musique.)

du 5 janvier 1834 qui fixent les droits et les devoirs des membres de la Société ou sociétaires. Ceux-ci sont au nombre de 112 (100 musiciens dont 64 pour l'orchestre et 36 pour le chant, 12 solistes). Tous sont issus du Conservatoire. Les nouveaux membres n'obtiennent pas le titre mais gardent le statut d'aspirant pendant un an. Le comité composé de huit membres élus par l'assemblée générale se réunit chaque lundi. Chacun de ses membres se voit assigner des fonctions très précises, certaines d'ordre musical, d'autres affectées au fonctionnement de l'association : le président, le chef d'orchestre, le secrétaire en poste pour deux ans qui rédige les procès-verbaux des séances du comité et gère l'essentiel de la correspondance, l'agent comptable qui s'occupe de l'état des recettes et dépenses, l'archiviste caissier, le commissaire du personnel, le commissaire du matériel, enfin, un professeur des classes d'ensemble. Le commissaire du personnel convoque les musiciens aux répétitions pompiers et gendarmes, le chauffage et l'éclairage, l'impression des affiches, programmes, billets, les frais de copie de musique, l'entretien des instruments, etc. Les pièces justificatives de ces dépenses sont conservées dans les archives, ce qui nous vaut de nombreuses factures pour accords d'instruments du facteur Gand, pour l'impression des billets d'entrée, des affiches et affichettes de chaque concert par l'éditeur Vinchon (successeur de la célèbre famille d'imprimeurs Ballard) et plus tard par l'imprimerie Chaix. L'examen des factures de l'éditeur de musique Richault, à rapprocher des matériels de la bibliothèque, permettrait de dater certains d'entre eux. La correspondance adressée au comité, outre les principales requêtes déjà vues dans le livre d'or, concerne au premier chef les places si difficiles à obtenir dans une salle de concerts de petite dimension et très recherchée par un public choisi. Les nombreuses listes d'abonnés invitent à une étude socio-économique du public des abonnés dont on connaît l'identité, dont on peut mesurer la fidélité et parfois le mauvais caractère. Les traces des négociations concernant tout changement de stalle ou de loge, frappées de la mention « impossible », révèlent que l'enjeu n'était pas mince. Quant aux « abonnés déshérités de la loge C » en butte à un « froid excessif et intolérable », ils espèrent que l'administration de la Société saura endiguer ce « courant d'air capable d'enrhumer les plus robustes ».

À l'occasion de son 40ᵉ anniversaire, l'Orchestre de Paris a classé au rang d'archives des dossiers de correspondance très éclairants sur divers aspects de la vie de l'orchestre dont la plupart adressés à André Huot,

secrétaire général, dont on connaît l'influence bénéfique et déterminante qu'il a jouée dans les années 1950.

Florent Schmitt avait souhaité par testament créer un fonds permettant la création de ses œuvres écrites entre 1900 et 1940 à faire exécuter par les quatre principales formations symphoniques parisiennes, les concerts Colonne, Lamoureux, Pasdeloup et, bien sûr, la Société des concerts. La succession du compositeur respectera ses volontés. D'autres documents du dossier gardent la mémoire des difficultés rencontrées par l'orchestre pour jouer certaines œuvres et de l'acceptation par Denise Duval de chanter le psaume qui sera dirigé par Jean Martinon. Parmi les lettres d'Olivier Messiaen, l'une concerne *Le Réveil des oiseaux* joué sous la direction de Maurice Le Roux le 18 décembre 1953, une autre propose « trois études rythmiques pour grand orchestre » : il s'agit des trois *Tala* extraits de la *Turangalîla-Symphonie* créés par la Société en 1948. Le dossier de correspondance avec Jean Rivier reflète les échanges actifs pour susciter l'entrée au programme d'œuvres nouvelles : le *Requiem* pour deux solistes, chœur mixte et orchestre, la *Troisième Symphonie* pour orchestre à cordes et un *Concerto pour violon* pour lequel il suggère plusieurs noms de solistes. En décembre 1952, il exprime sa reconnaissance pour l'exécution d'*Ouverture pour un drame* : « Cette exécution a atteint un degré de perfection que je n'aurais jamais osé espérer ; votre admirable orchestre s'est, une fois de plus, surpassé et sous la direction si vivante, si sensible, si intelligente d'André Cluytens, mon œuvre a été présentée dans des conditions exceptionnelles qui ont puissamment aidé à sa compréhension. »

À GAUCHE

Société des concerts. Billet pour une stalle de galerie pour le concert du dimanche 26 novembre 1876 au nom de [Victor] Schoelcher. Prix : 12 francs. (Paris, BNF, Musique.)

Société des concerts. Billet pour une stalle de galerie pour le concert du dimanche 21 janvier 1877 au nom de Schoelcher. Prix : 12 francs. (Paris, BNF, Musique.)

Lettre d'Olivier Messiaen à la Société des concerts du Conservatoire, 24 septembre 1947, proposant *3 études rythmiques* pour grand orchestre en première audition. Trois extraits de la *Turangalîla-Symphonie* furent créés le 28 février 1948 sous la direction d'André Cluytens. (Paris, BNF, Musique.)

De même ton, les deux lettres d'André Jolivet, l'une du 8 août 1950 concernant l'exécution du *Concerto pour piano* par Lucette Descaves, une autre de 1951 sur la *Symphonie de danses* pour laquelle il a écrit une note de commentaire.

Le dossier de lettres d'Henri Tomasi se révèle tout aussi riche et révélateur des belles relations qui se nouent entre le compositeur et l'orchestre qui créera plusieurs de ses œuvres dans les années 1950, *Les Trois Illustrations* d'après *Les Lettres de mon moulin* d'Alphonse Daudet, les *Trois mouvements symphoniques pour fanfare* (février 1950) et les *Cinq danses profanes et sacrées*, écrites pour mettre particulièrement en valeur les solistes puisque, dans chaque pièce, le premier rôle est confié successivement à un hautbois (Danse pastorale), un cor (Danse profane), un tuba (Danse sacrée), une clarinette (Danse nuptiale), un basson (Danse guerrière) avec un orchestre de cordes, piano et percussions, selon une intention bien déterminée qu'exprime ainsi le compositeur :

« Je dois vous avouer que, en travaillant à ces danses, j'ai vraiment pensé à la valeur de vos solistes et c'est ce qui justifie ma démarche. »

Seul dossier de compositeur étranger, celui d'Alexandre Tcherepnine qui proclame hautement l'estime qu'il porte à l'orchestre et se soucie, depuis Chicago, de proposer une œuvre accessible au public, la *Symphonie en mi*, qui fut créée en 1927 aux Concerts Colonne sous la direction de Gabriel Pierné. Pour écarter toute

24 septembre 47

Cher Monsieur,

Je reçois votre lettre du 15.

J'ai, en effet, plusieurs œuvres d'orchestre en chantier ou terminées qui sont en 1re audition.

"Je vous propose "3 études rythmiques" pour grand orchestre en 1re audition.

Durée totale : 29 minutes.

C'est très difficile. Orchestre important : quintette à cordes, bois et cuivres par 3, une Onde, un piano, vibraphone, timbres, célesta, beaucoup d'instruments de batterie (au moins 4 batteurs –) et un pupitre de trompettes comprenant : 1 petite trompette en ré, 3 trompettes en ut, et 1 cornet en si b – Il faut répéter cela avec soin et y mettre le temps. Un chef d'orchestre entièrement dévoué à la musique moderne est également indispensable.

– Enfin, je vous remercie d'avoir pensé à moi et vous demande, si vous choisissez cette œuvre pour vos programmes, de la placer

au milieu de saison, pour que j'aie le temps de faire copier et de corriger le matériel.

Croyez, je vous prie, à mes sentiments bien dévoués.

Olivier Messiaen

13 Villa du Danube

– Paris –

(19e)

P.S. Soyez assez aimable pour m'envoyer un mot confirmant votre accord.

chant et orchestre 35 minutes

Bot 16.34

Poèmes pour Mi

Mlle Bunlet (Pages 46) (Bruxelles)

fragments possibles avec autorisation

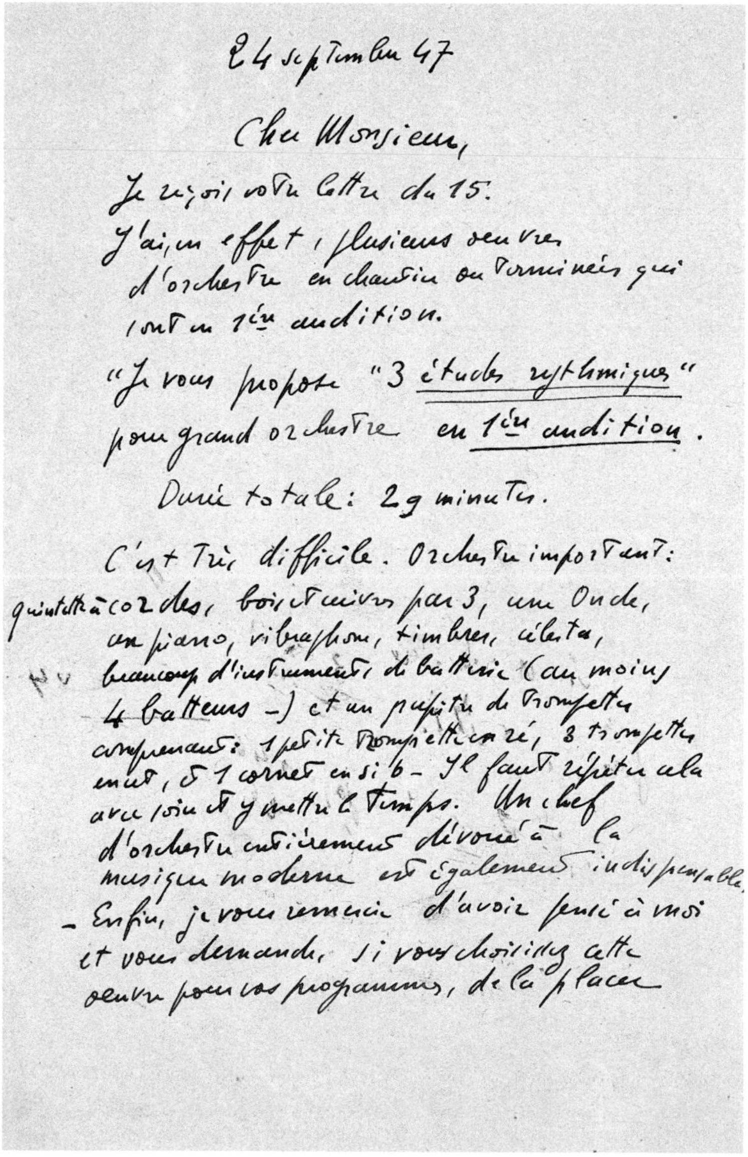

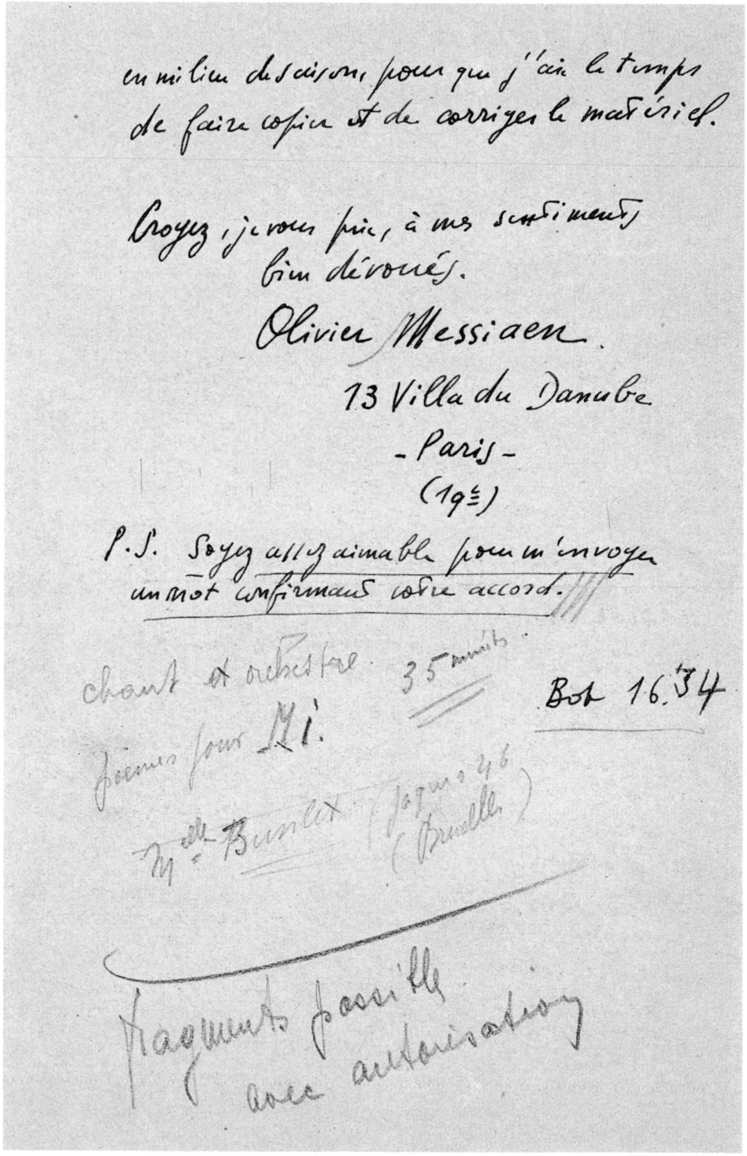

Messieurs &
Membres du Comité.

Je vous propose en première audition mes "Cinq danses profanes et sacrées" d'une durée de 15 à 16 minutes.

I — Danse pastorale (Hautbois solo)
II — Danse profane Cor "
III — Danse Sacrée Tuba "
IV — Danse Nuptiale Clarinette "
V — Danse guerrière Basson.

L'orchestre (en dehors de ces solistes) est composé de Cordes, piano et percussion.

Bien entendu, après le solo, chaque G'instrumentiste entre en "contrepoint" dans la danse suivante, et ainsi de suite jusqu'à la dernière.

Je dois vous avouer que, en travaillant à ces danses, j'ai vraiment pensé à la valeur de vos solistes et c'est ce qui justifie ma démarche.

Avec mon meilleur souvenir à vous.

Henri Tomasi

réserve, le compositeur offre même un commentaire du mouvement qui lui paraît susceptible d'effaroucher les auditeurs :

« Le deuxième mouvement (pour batterie seule) est devenu surtout connu et fut cité par H. Busser dans son cours d'orchestration d'après Gevaert. Ce mouvement, fort discuté à l'époque, n'est pas aussi méchant qu'il en a l'air : tout simplement il constitue un complément rythmique au premier mouvement duquel il prend la structure rythmique des thèmes. Donc ce n'est pas un "truc" mais un développement logique. »

Le dossier des lettres de Maurice Thiriet éclaire l'une des activités déjà mentionnées de l'orchestre : l'enregistrement de musiques de film. Ce compositeur demeure dans nos mémoires pour avoir composé la musique du film de Marcel Carné *Les Visiteurs du soir* tourné en 1942, dont il tirera une suite en 1951 donnée avec Jacques Jansen comme récitant. Une lettre du 22 octobre 1942 détaille très précisément l'effectif nécessaire à l'enregistrement sous la direction de Charles Münch qui aura lieu au cours de trois journées en la salle du Conservatoire. L'histoire des activités de la Société des concerts dans le domaine de la sonorisation de films reste encore incomplète. Parmi les titres relevés dans les archives, mentionnons la participation en mai 1943 au film de Jacques Becker *Goupi Mains rouges* puis en août 1943 au film *Les Brigands*.

La collaboration de Maurice Thiriet avec la Société présente un caractère suivi. Quelques jours après l'enregistrement des *Visiteurs du soir* dont il loue la qualité : « C'est absolument magnifique. Souhaitons qu'aux mixages on n'abîme pas une aussi belle réussite », il annonce avoir « opéré des coupes sombres » dans le texte du récitant d'*Œdipe-Roi*, l'oratorio qu'il venait d'écrire sur un texte de Jean Cocteau et pour lequel il espère obtenir le concours de Jean-Louis Barrault comme récitant. En novembre 1945, Thiriet compose la musique du film *Libération de Strasbourg*, également enregistrée par l'orchestre de la Société des concerts. Puis, en 1947, celle du film *Lili*, en demandant cette fois le concours d'André Cluytens qui dirigera en

Lettre d'Henri Tomasi au comité de la Société des concerts du Conservatoire (s. d.), proposant en première audition les *Cinq danses profanes et sacrées* qui seront exécutées le 9 octobre 1960 sous la direction de Manuel Rosenthal. (Paris, BNF, Musique.)

Lettre d'André Jolivet à André Huot, secrétaire de la Société des concerts du Conservatoire, 8 septembre 1950, à propos de la création du *Concerto pour piano* par Lucette Descaves. (Paris, BNF, Musique.)

1950 le *Livre pour Jean*. Cette œuvre, la première pièce symphonique écrite par Maurice Thiriet, avait figuré dans le concert des compositeurs prisonniers donné en décembre 1942. Le dossier contient aussi la notice rédigée par Thiriet lui-même sur cette œuvre.

Les lettres d'André Cluytens couvrent une longue période d'activité (de 1943 à 1964) et demeurent un témoignage vivant et complet des relations entre le chef et l'orchestre : organisation des répétitions, des tournées, des enregistrements, choix des œuvres pour les concerts, remerciements, excuses, questions financières.

L'image de la Société des concerts s'est aussi construite grâce à ses programmes dont les motifs décoratifs et la typographie soignée et souvent renouvelée apportent un message jamais anodin. Bien qu'ils soient désormais connus et accessibles dans leur totalité, le libellé des titres, notamment des programmes du XIXe siècle, reste parfois un peu vague : une confrontation avec les matériels de la bibliothèque au fur et à mesure de leur recensement devrait contribuer à une meilleure connaissance de ce qui a construit l'identité de la Société des concerts et maintenant de l'Orchestre de Paris.

L'Orchestre de Paris dans les fonds sonores du département de l'Audiovisuel de la Bibliothèque nationale de France

L'orchestre de la Société des concerts du Conservatoire enregistre dès l'apparition de l'enregistrement électrique par microphone vers 1925-1927. De cette date à 1938, près de cinquante références discographiques sont entrées par dons ou acquisitions dans les collections de la Bibliothèque nationale de France. À partir de 1938, grâce au dépôt légal du disque mis en place en France dès cette date, ce sont près de quatre cents enregistrements de l'orchestre qui intègrent les collections. De la même façon, depuis 1967, toutes les publications discographiques de l'Orchestre de Paris (soit près de six cents à ce jour, en comptant les rééditions, les participations à des coffrets…) sont collectées au titre du dépôt légal et rejoignent également les fonds sonores de la Bibliothèque nationale de France.

Pour autant, malgré cette imposante discographie, un nombre important de concerts de l'Orchestre de Paris ont été enregistrés mais n'ont pas été publiés. Et, en février 2007, aux termes d'une convention passée entre l'Orchestre de Paris et la Bibliothèque nationale de France, celui-ci fait don à la Bibliothèque de plus de six cents captations de concerts, inédites pour la grande majorité d'entre elles, produites entre les années 1980 et 2005. Ces enregistrements sont accompagnés des brochures programmes les annonçant. Puis, avec une périodicité annuelle, l'Orchestre de Paris versera à la Bibliothèque nationale de France les enregistrements de concerts réalisés au cours de la saison écoulée, ainsi que la documentation écrite complémentaire susceptible d'enrichir le fonds.

Pochette du disque Hector Berlioz, *L'Enfance du Christ, Trilogie sacrée.* Orchestre de la Société des concerts du Conservatoire, direction André Cluytens. Grand prix du disque de 1952, Pathé. (Archives Orchestre de Paris.)

ORCHESTRE DE PARIS

SOCIÉTÉ DES CONCERTS DU CONSERVATOIRE

Directeur : Daniel BARENBOÏM

CRÉATION D'UN CHŒUR

Recrutement et formation d'un grand chœur mixte composé d'amateurs.

Environ : 200 personnes.

Les auditions auront lieu à partir du lundi 20 octobre 1975 pendant un mois sous le contrôle d'Arthur OLDHAM, Directeur des chœurs du Festival d'Edimbourg et de l'Orchestre Symphonique de Londres.

Premier concert : Te Deum, de Berlioz, avec l'Orchestre de Paris dirigé par Daniel BARENBOÏM.

| *Renseignements* | 758.27.37 | (de 9 h à 18 h) |
| *Rendez-vous* | 758.27.31 | |

TOUS LES JOURS SAUF LE DIMANCHE

IMP. L. HARDY - PARIS

Affiche annonçant les auditions pour le recrutement « d'un grand chœur mixte composé d'amateurs ». Octobre 1975. (Archives Orchestre de Paris.)

Témoignages

MICHEL GARCIN-MARROU
Cor solo à l'Orchestre de Paris de 1967 jusqu'en septembre 2007.
Professeur de cor naturel au Conservatoire national supérieur
de musique et de danse de Paris (CNSMDP).
Professeur de cor au Conservatoire national supérieur
de musique de Lyon.

Carrière

Je suis entré à l'Orchestre de Paris à sa création, en 1967, sur concours et devant un jury présidé par Charles Münch. Jusqu'en 1967, l'entrée à l'orchestre – c'est-à-dire à la Société des concerts du Conservatoire – se faisait par cooptation ; tous les instrumentistes de l'orchestre avaient alors obtenu préalablement un prix du Conservatoire. La situation a un peu changé à partir de 1967 puisque des concours de recrutement ont été mis en place systématiquement, mais le lien avec le Conservatoire supérieur de Paris (et ensuite le Conservatoire supérieur de Lyon à sa création) est toujours resté prépondérant. Ces deux institutions prestigieuses sont des viviers de musiciens très talentueux.

J'ai moi-même étudié le cor au Conservatoire de Paris, dans la classe de Jean Devémy. Puis j'ai eu la chance de remporter le premier prix de cor du Concours international d'exécution musicale de Genève.

J'avais, avant d'entrer à l'Orchestre de Paris, passé deux ans à l'orchestre de l'Opéra-Comique, juste avant que ne fusionnent les deux orchestres d'opéras parisiens.

1967

Si je me rappelle bien, et pour résumer très rapidement ce tournant majeur de l'histoire de l'orchestre, les membres de la Société des concerts ont en quelque sorte décidé de saborder leur formation prestigieuse pour qu'elle puisse, en changeant de statut, se transformer en « Orchestre de Paris ». Bien entendu, ceux des artistes musiciens de la Société des concerts qui voulaient rester et faire partie de la nouvelle formation ont été prioritaires ; ensuite, une deuxième vague de recrutement a été ouverte aux trois autres associations de concerts de Paris : Lamoureux, Colonne et Pasdeloup. Enfin il y a eu un tour extérieur, par concours ouverts à tous les artistes musiciens, étrangers y compris. C'est là que je suis entré.

La taille de ce nouvel orchestre était d'emblée sensiblement plus importante que celle de la Société des concerts du Conservatoire, et l'effectif choisi a été très comparable à celui des grandes formations orchestrales les plus réputées.

Depuis lors, l'Orchestre a fonctionné sur ses bases initiales. Les postes de solistes ont été doublés (parfois en diminuant le nombre d'instrumentistes « du rang »), afin d'aider ceux des artistes musiciens sur lesquels reposent des responsabilités particulièrement importantes. Tous les grands orchestres du monde ont d'ailleurs un fonctionnement analogue pour ce qui concerne les postes de solistes. Le cor solo, poste notoirement difficile à tenir seul, a d'ailleurs été le premier à être doublé.

Le rôle de Charles Münch

Charles Münch, le premier directeur musical de l'Orchestre de Paris, a joué un rôle capital à ce moment crucial qu'a été la « re » naissance de la formation. Pour nous, il a été le « grand-père » enthousiaste et sa renommée internationale a, d'une certaine façon, imposé la reconnaissance de l'Orchestre. Il était très important d'avoir, à ce moment-là, comme maintenant d'ailleurs, un chef d'orchestre internationalement reconnu. C'est André Cluytens qui avait d'abord été pressenti, mais il est mort avant que le projet ne se concrétise. Charles Münch était avec lui le chef français dont la renommée et le talent pouvaient le mieux soutenir l'Orchestre.

La première tournée aux États-Unis a été d'ailleurs un triomphe. Je me rappelle le public de Boston applaudissant Münch debout pendant vingt minutes avant que notre concert ne commence : de tels souvenirs marquent un jeune musicien d'une empreinte indélébile et le confortent dans le choix qu'il a fait d'exercer ce « métier ». Münch avait une notoriété incroyable et sa disparition lors de cette tournée nous a littéralement assommés.

La relation que nous, musiciens de l'Orchestre, avions avec Münch était remplie d'admiration, d'enthousiasme, de respect, je dirais presque de vénération. Selon moi, il avait toutes les qualités qui plaisent à un musicien français et font son caractère unique : réactivité, rapidité et efficacité dans le travail, aversion pour le « rabâchage » et, par-dessus tout, la capacité de faire don de son énergie tout entière le soir du concert.

La programmation et les directeurs musicaux

Depuis 1828, les artistes musiciens avaient été des membres associés prenant les grandes décisions engageant la vie de leur association, la Société des concerts du Conservatoire. Cela incluait tous les domaines allant de la gestion journalière ordinaire aux choix de programmation et à l'élection de leur(s) chef(s) d'orchestre titulaire(s). Ils se répartissaient aussi, le cas échéant, les bénéfices générés par les activités de l'orchestre.

En 1967, le fonctionnement de l'Orchestre a profondément changé. La puissance publique apportant des ressources budgétaires en principe stables a pris les leviers de commande et les artistes musiciens sont devenus des salariés de l'association « Orchestre de Paris ».

Un directeur musical, nommé par les tutelles (État et Ville de Paris), s'est vu alors confier l'entière responsabilité du choix des programmes, des solistes, etc., en liaison avec une direction administrative (devenue maintenant direction générale).

J'ai toujours regretté cet éloignement des artistes musiciens des instances de décision. Je pense qu'une tradition de démocratie interne d'un siècle et demi méritait un meilleur sort !

À ma modeste place de représentant élu par mes pairs, et en compagnie de certains d'entre eux, bien sûr, j'ai essayé de mener des batailles (pacifiques) pour que parole soit rendue aux artistes musiciens et qu'ils puissent aussi avoir voix au chapitre autrement que dans des instances « consultatives » dont on sait ce qu'il advient dans la tradition française !

M'étant maintenant retiré de l'Orchestre, je garde la légère amertume de n'avoir pas su parvenir à convaincre du bien-fondé de cette position qui pourtant peut, seule, permettre de passer d'une culture d'opposition à une culture de participation internes, permettant à l'Orchestre de s'adapter de son plein gré à l'évolution de l'environnement culturel et social contemporains.

J'ai toujours eu aussi l'idée, pour laquelle je me suis engagé, que les musiciens d'orchestre devaient avoir de multiples fonctions, pour éviter une sclérose que le métier peut entraîner : la musique de chambre est un de ces moyens que le musicien d'orchestre doit avoir pour diversifier ses fonctions. Un conseil des solistes existe depuis l'origine de l'Orchestre : ce conseil a seulement un rôle consultatif, mais Daniel Barenboïm a inauguré la coutume de le consulter avant de prononcer ou non une titularisation à la fin d'un stage.

Par ailleurs, l'Orchestre s'est doté récemment d'un comité artistique, instance consultative, à nouveau, et qui devra se donner de « l'épaisseur ».

À l'Orchestre de Paris, le directeur musical a toujours été le chef d'orchestre principal et permanent. Dans les débuts, Jean-Pierre Jacquillat a été chef assistant, Serge Baudo, chef permanent adjoint de Charles Münch puis d'Herbert von Karajan. Serge Baudo, éprouvant peut-être une certaine difficulté à se situer aux côtés de Karajan, est parti en 1971, pour présider aux destinées de l'Orchestre de Lyon, en totale « refonte ».

Daniel Barenboïm

Daniel Barenboïm a été l'un des directeurs musicaux de l'Orchestre les plus impressionnants. Il était un chef (et pianiste de grand talent) jeune, ce qui a créé à l'Orchestre une situation inédite. Münch, Karajan, Solti, tous étaient arrivés à l'apogée de leur carrière.

Il a donné à la programmation musicale un tour bien à lui, faisant passer de nombreuses commandes à des compositeurs contemporains, amenant à l'Orchestre un réseau de chefs d'orchestre et de solistes impressionnant. Il a invité Pierre Boulez (qui, malgré son opposition au « plan Landowski », dont est issu l'Orchestre de Paris, a accepté de venir…). Barenboïm concevait son rôle de directeur musical de façon très large : il a été aussi très engagé du point de vue administratif et s'est lancé, par exemple, dans une refonte des statuts internes, en cherchant des assouplissements dans le fonctionnement avec un enthousiasme qui a provoqué quelques frictions mémorables !

La programmation musicale, sous sa direction, était très diversifiée.

Barenboïm a également lancé un cycle de musique de chambre auquel participaient des solistes de l'Orchestre et dans lequel il jouait lui-même (comme Christoph Eschenbach, qui est aussi pianiste de grand talent, le fait aujourd'hui). Barenboïm a fondé le chœur de l'Orchestre de Paris, ce qui a permis d'élargir le répertoire, et a aussi lancé une Académie d'orchestre pour de jeunes musiciens.

Frans Brüggen et Christoph von Dohnanyi

Après Semyon Bychkov, dont les interprétations des symphonies de Tchaïkovski, de Chostakovitch et de la musique russe en général ont été l'apport majeur, il y a eu une période de transition. Dohnanyi a été le principal chef invité, avec le rôle de conseiller artistique. Pour travailler avec l'Orchestre en particulier le répertoire plus ancien, Brüggen apportait une approche nouvelle, celle des modes d'interprétation des répertoires baroque, classique et préromantique.

Depuis l'apparition des orchestres jouant des instruments anciens, toute une partie de ce répertoire échappait lentement mais sûrement aux orchestres symphoniques. La situation est quelque peu différente maintenant, mais alors, seul un petit nombre de musiciens était aussi initié à la pratique de la musique ancienne, et des instruments qui lui correspondent.

Brüggen a apporté une réflexion sur le style et les modes d'interprétation qui était importante et nouvelle pour beaucoup d'entre nous. C'est une aventure enrichissante qui demanderait à être prolongée…

Christoph Eschenbach

Christoph Eschenbach a hélas reçu en héritage « l'exil » de l'Orchestre au Théâtre Mogador ; grâce aussi à ses prises de positions nettes l'Orchestre a aujourd'hui la chance d'avoir retrouvé une salle Pleyel transformée.

La période Mogador n'a pas été facile, à beaucoup de points de vue. L'Orchestre de Paris a bien failli y perdre son âme mais y a en même temps montré sa solidité. Les activités de l'Orchestre se sont diversifiées, et du moins cela a été positif. Des concerts de musique de chambre plus nombreux que dans les périodes précédentes ont été donnés par les musiciens de l'Orchestre, principalement le samedi, mais aussi par les élèves du CNSMDP, qui sont également venus lors de concerts de midi (« Croq'notes »). Le rôle d'Alain Poirier, directeur du Conservatoire de Paris (clin d'œil aux sources historiques de l'Orchestre), a été déterminant. Des élèves du CNSMDP viennent régulièrement participer aux sessions d'orchestre : plusieurs étudiants cornistes, par exemple, ont participé au *Ring* donné au Châtelet, ce qui était pour eux une expérience unique.

Des programmes de musique de chambre sont maintenant proposés par l'ensemble des artistes musiciens de l'Orchestre et un certain nombre choisis pour être insérés dans la saison de concerts. Ces concerts se donnent aussi au musée d'Orsay, à la Sorbonne, comme il y en avait eu quelques années auparavant au Châtelet. Dans ce cadre-là, j'avais eu moi-même le grand privilège et l'extrême plaisir de diriger les quatre grandes *Sérénades pour instruments à vent* de Richard Strauss, très rarement données en concert car requérant 16 instrumentistes à vent de haut vol et habitués à jouer ensemble. C'est pour moi un grand souvenir. Qui ne rêverait pas de renouveler une telle expérience !

Enregistrements

La période la plus riche en enregistrements de l'Orchestre de Paris, à part celle des premières années, a été celle de Barenboïm. La Société des concerts avait eu traditionnellement d'intenses activités d'enregistrement, jusques et y compris dans sa dernière période avec André Cluytens (avant la dernière guerre, la Société des concerts partait enregistrer à Londres au moins un mois par an, La Voix de son maître, pour qui ils enregistraient, ayant été rachetée par EMI). Dans un contexte maintenant très anémique, une reprise semble s'amorcer avec Christoph Eschenbach.

Tournées

Les tournées font partie des activités indispensables d'un orchestre symphonique moderne. Elles permettent à l'Orchestre de Paris de maintenir un lien avec des salles de concerts prestigieuses et avec leurs auditoires du monde entier, qui ne lui marchandent d'ailleurs pas ses applaudissements !

L'Orchestre effectue environ six semaines de tournée, en périodes plus ou moins fragmentées, chaque saison. L'organisation d'une tournée est une énorme tâche ! L'Orchestre emporte avec lui un certain nombre d'instruments très volumineux (qu'on songe un instant à Berlioz et aux cloches de sa *Symphonie fantastique*), sa bibliothèque – détail très important –, des malles habits, etc.

Répétitions et concerts

Au début de son existence, l'Orchestre de Paris répétait pendant une semaine au Théâtre de la Gaîté-Lyrique, puis donnait ses concerts la semaine suivante (jusqu'à quatre concerts consécutifs dans la semaine avec le même programme ou avec des changements restreints). Cela a changé par la suite : répétitions et concerts ont été concentrés dans la même semaine. Souci de « rentabiliser artistiquement l'outil », mais aussi de trouver un rythme plus soutenu et plus efficace. Aujourd'hui la semaine se déroule ainsi : deux répétitions le lundi, deux le mardi ; la répétition générale a lieu le mercredi matin et les concerts les mercredi et jeudi soir, et / ou les vendredi et samedi dans certaines circonstances. Chaque pupitre peut bien entendu ajouter de sa propre initiative des répétitions partielles si cela s'avère nécessaire. Lors de la création d'une œuvre nouvelle, le compositeur assiste très souvent aux répétitions.

En conclusion, je sais qu'il existe au sein de l'Orchestre de Paris un potentiel artistique hors du commun ainsi qu'une source d'invention et de créativité insoupçonnées de qui ne le connaît pas de l'intérieur. Pour y avoir passé l'essentiel de ma vie artistique, je sais aussi que, n'en déplaise à ses contempteurs, placé tout en haut de la vie musicale française, il n'a pas encore fini d'évoluer ni d'étonner. C'est en tout cas ce que je lui souhaite pour les quarante années à venir !

Maurice Bourgue
Sociétaire à la Société des concerts de 1966 à 1967 (cor anglais solo, deuxième soliste), puis hautbois solo à l'Orchestre de Paris entre 1967 et 1979.

Carrière

Après avoir obtenu mon prix au Conservatoire de Paris en 1958, j'ai dû partir deux ans pour l'Algérie. Lorsque je suis revenu en France en 1960, la situation était difficile pour les jeunes instrumentistes professionnels : il était impossible de trouver un poste dans un orchestre. De plus, les musiciens avaient déclenché la « grève des phonogrammes », c'est-à-dire le refus de participer aux enregistrements pour lesquels ils étaient insuffisamment payés. J'ai donc d'abord fait partie de la musique des CRS à Vaucresson, une harmonie de qualité moyenne. Après avoir reçu le deuxième grand prix du concours de Genève en 1965, j'ai été engagé par l'orchestre symphonique de Bâle (Basler Orchester Gesellschaft), alors dirigé par un cousin de Charles Münch, Hans Münch, où je suis devenu premier hautbois solo. Ce fut ma première expérience fixe dans un orchestre classique avec un vrai statut de musicien d'orchestre. Bien que l'orchestre eût un répertoire essentiellement germanique, il recevait des chefs invités qui représentaient la culture française de l'époque comme André Cluytens. L'orchestre de Bâle réunissait des musiciens de nationalités très diverses et on ne peut pas dire qu'il s'inscrivait dans un moule typique ni dans une école. Tout musicien qui appartient à une « école » par éducation, tendance, goût, doit se ranger à la manière d'être du chef d'orchestre mais ne pas se laisser enfermer dans un moule rigide ; il doit obligatoirement s'intégrer au groupe dans lequel il agit.

En 1966, j'ai été engagé par la Société des concerts du Conservatoire dont je suis devenu sociétaire. En plus des concerts pour lesquels nous recevions des jetons, le directeur de la Société essayait de trouver d'autres engagements pour des enregistrements, des ballets (au Théâtre des Champs-Élysées), des spectacles. Ces participations à d'autres projets ne concernaient pas tous les musiciens de l'orchestre. Pour les musiques de film par exemple, lorsque l'orchestre jouait sous la direction de Georges Delerue, il arrivait fréquemment que le nom de la Société des concerts n'apparaisse pas.

À la Société des concerts, j'avais été engagé comme cor anglais solo deuxième soliste, contrat qui prévoyait que je remplace en cas de maladie le premier hautbois solo.

1967

Lors de la formation de l'Orchestre de Paris, une série de concours eurent lieu en mai, juin, juillet 1967. Il fut difficile de former les pupitres de cordes car les bons instrumentistes étaient déjà pris dans les autres orchestres parisiens. Il y eut les mêmes difficultés avec les premiers solistes d'instruments à vent. J'ai été immédiatement engagé par Charles Münch mais il fallut ensuite un long combat pour obtenir le doublement des instruments à vent.

Travailler avec Charles Münch a été un rêve. Nous étions de jeunes musiciens en présence d'un Titan qui nous donnait envie de livrer le meilleur de nous-même. Son expérience et sa conduite de vie forçaient l'admiration. La dernière tournée avec Münch nous a laissé un souvenir bouleversant. Quelques jours avant sa mort brutale à Richmond, nous avions donné à Montréal *La Mer* de Debussy d'une façon exceptionnelle. L'orchestre s'est retrouvé littéralement orphelin et nous avons terminé la tournée sous la direction de Serge Baudo et de Jean-Pierre Jacquillat, son assistant.

Les chefs d'orchestre

Karajan a ensuite dirigé pendant un an puis Solti a été nommé. Il n'aimait pas la musique française. Je l'avais surnommé « le bûcheron » car, d'un côté, c'était un grand patron exerçant ses fonctions avec autorité et compétence, mais aussi une personnalité rigide et brutale musicalement. Ces traits devenaient pourtant des qualités lors des enregistrements car il savait rétablir ainsi le relief et la netteté de l'orchestre. Nous avons beaucoup joué sous sa direction les poèmes symphoniques de Richard Strauss, Bartók, etc., répertoire dont le fondement est germanique. Le chef qui m'a le plus enthousiasmé est Celibidache. Au moment où s'ouvrait la succession de Karajan, j'ai plaidé en sa faveur auprès de l'Orchestre car nous venions de jouer sous sa direction *Daphnis et Chloé* de Ravel, *Mathis le Peintre* d'Hindemith et des motets de Gabrieli et j'avais le sentiment qu'il pouvait faire progresser l'Orchestre considérablement, mais naturellement au prix de quelque souffrance. Il est le seul chef qui m'a paru pouvoir expliquer l'instinct. Il avait un véritable amour de la musique française et la traduisait comme personne. Daniel Barenboïm, lui, possède une très belle technique de chef d'orchestre, mais je le vois un peu trop tenté de s'approprier la filiation de Furtwängler. Il a introduit dans le répertoire de l'Orchestre un répertoire moderne qui posait de nombreux problèmes de technique et de tempi et pour lesquels il avait engagé un fructueux dialogue avec les musiciens de l'Orchestre. C'est aussi à lui qu'on doit l'introduction des œuvres de Bruckner, alors que les symphonies de Mahler faisaient déjà (même si c'est en petit nombre) partie du répertoire de la Société des concerts. L'Orchestre de Paris, dans ses débuts constitué de façon hybride, avait été emmené par la fougue de Charles Münch qui masquait ses défauts : manque de discipline, manque de justesse ou défauts d'attaque. Il est devenu un vrai orchestre grâce à Barenboïm qui a su imposer une homogénéité dans les cordes et dans les vents. Un exemple : celui des diapasons. L'Orchestre de Paris utilisait des diapasons multiples. Barenboïm, sur ma suggestion, a exigé que les diapasons passent de 44 à 41 sur une durée de trois ans ce qui apporterait une sonorité plus ronde et une meilleure homogénéité de son. Cela impliquait pour certains instrumentistes comme les clarinettistes de changer d'instruments, et, dans la plupart des cas, de changer d'habitudes : s'accorder d'abord soigneusement en coulisses puis terminer sur la scène en tenant compte des problèmes de température. Nous avons beaucoup joué dans la salle du Palais des Congrès dont l'acoustique était déplorable et un peu au Théâtre des Champs-Élysées. Sous la direction de Barenboïm, j'ai beaucoup participé aux concerts de musique de chambre et enregistré en 1976 sous sa direction les concertos de Mozart. Michel Debost a fait de même.

J'ai aussi joué sous la direction de Pierre Boulez qui donne toujours des œuvres qu'il dirige une bonne lecture ou plutôt une parfaite analyse ; j'écoute ses enregistrements et les considère comme un point de référence pour aborder une œuvre.

Le hautbois

Le hautbois est au centre de l'harmonie, de même que la première trompette est au centre des cuivres. Le rôle soliste des instruments à vent est prépondérant. Ils donnent le caractère musical, l'imagination, la poésie de la phrase, leur son ne peut pas être enfermé dans une cadence mécanique, toutes choses que doit comprendre le chef d'orchestre. Je considère qu'il n'y a pas de bonne école américaine de hautbois car elle a été formée à l'origine par un musicien qui a donné des principes qui n'ont pas évolué, un autre système d'anches et un son très antivocal. Je pense au contraire que l'instrument doit être la continuité du souffle comme la voix humaine.

J'ai quitté l'Orchestre de Paris en 1979 car je souhaitais mener également une carrière de soliste et j'avais besoin de plus de liberté. Je pense que les deux activités auraient été conciliables s'il n'y avait pas eu, en plus des concerts d'abonnement, les enregistrements et les tournées et s'il y avait eu un deuxième soliste (ce qui a été fait plus tard). Je n'ai plus fait partie d'un orchestre mais j'ai souvent joué ensuite avec l'Orchestre de Paris comme soliste ou pour des enregistrements.

En juillet 1979, je suis devenu professeur au Conservatoire. Je considère l'enseignement comme un engagement personnel important : le professeur a une responsabilité essentielle dans la transmission, il doit deviner les capacités des jeunes instrumentistes et être soutenu par des directeurs possédant un sens humain. J'ai le plaisir de voir quelques-uns de mes élèves maintenant à l'Orchestre de Paris, à l'Orchestre national ou à l'Orchestre de l'Opéra de Paris, ainsi qu'à l'étranger.

Pour conclure, après avoir entendu, en septembre 2006, la symphonie *Résurrection* de Mahler magnifiquement exécutée sous la direction de Christoph Eschenbach, je peux affirmer que l'Orchestre de Paris est devenu un grand orchestre de haut niveau.

ÉLISABETH VAN MOERE
Soprano dans le chœur de l'Orchestre de Paris depuis 1975.

Je n'avais aucune expérience chorale avant d'entrer dans le chœur de l'Orchestre de Paris. J'y suis entrée au moment de sa création et y suis restée fidèle jusqu'à maintenant.

Les origines

En 1975, Michel Guy, secrétaire d'État à la Culture, et Daniel Barenboïm décident de doter l'Orchestre de Paris d'un chœur permanent, afin de lui donner toutes les facilités pour exécuter le grand répertoire. Des affiches sont placardées dans Paris pour appeler les choristes à se présenter dans ce nouvel ensemble. À mes yeux, l'idée de participer à une très grande formation, qui accompagnerait l'un des meilleurs orchestres français, avait quelque chose d'exaltant.

Après s'être inscrit en téléphonant, on recevait une convocation, puis arrivait le jour de l'audition, qui se passait devant Arthur Oldham. Il y a eu plus de 1 700 candidats, on en a retenu d'abord 240, puis le chœur s'est stabilisé autour de 160 choristes. Aujourd'hui, nous sommes à peu près 120. Pour cette audition, chaque choriste devait faire entendre deux morceaux (j'avais pour ma part choisi un air d'oratorio de Haendel et une mélodie russe). Il y avait aussi une épreuve de déchiffrage et des vocalises. Une interview suivait, afin de déterminer si les conditions de vie familiale et professionnelle permettraient (ce qui était absolument nécessaire) de suivre les deux répétitions par semaine, d'être présent aux concerts et éventuellement aux tournées.

Une fois que l'on était admis, une audition de contrôle était prévue tous les quatre ans.

La première répétition du chœur a eu lieu fin janvier 1976 : nous avons déchiffré tant bien que mal le *Te Deum* de Berlioz, une œuvre très présente au répertoire de la Société des concerts comme de l'Orchestre de Paris et qui fut l'objet de notre premier concert en septembre de la même année. C'est d'ailleurs aussi avec cette œuvre qu'Arthur Oldham a donné son dernier concert avec nous et l'Orchestre national de Lille, dirigé par Jean-Claude Casadesus, en octobre 2002. Il avait alors 76 ans. Il est malheureusement mort quelques mois après.

Arthur Oldham

Arthur Oldham était une personnalité éclatante. Compositeur, chef d'orchestre, élève de Benjamin Britten (il fut d'ailleurs son seul élève), il était notamment le chef de chœur du Festival d'Édimbourg, où il avait collaboré avec de grands chefs, comme Giulini ou Barenboïm. Je pense que la rencontre musicale avec Oldham a été déterminante dans le choix de Barenboïm de le faire venir à Paris pour créer de toutes pièces ce nouvel instrument, qui est devenu le chœur de l'Orchestre de Paris. Arthur Oldham avait une grande connaissance des maîtrises anglaises, des grands chœurs symphoniques et des chœurs d'opéra. Il n'a jamais eu d'assistant à l'Orchestre de Paris : il assurait seul toutes ses répétitions. Quelquefois, il confiait une répétition à un de nos pianistes, mais il fallait vraiment qu'il soit au fond de son lit !

2002

En 2002, une nouvelle direction a été mise en place, coordonnée par Laurence Equilbey et deux jeunes chefs de chœur, qui assurent toutes les répétitions, Didier Bouture et Geoffroy Jourdain. L'ensemble du chœur a été auditionné, les nouveaux chefs souhaitant connaître leur nouvel instrument. Certains choristes avaient décidé d'arrêter l'aventure en même temps qu'Arthur Oldham. D'autres sont restés. En 2002, il y avait encore autour de 25 choristes sur les 240 de la fondation, ce qui est énorme. Tout au long des vingt-sept années de la direction d'Arthur Oldham, le renouvellement des choristes se faisait par le biais d'auditions annuelles, la vie familiale ou professionnelle de certains membres du chœur nécessitant leur départ du chœur. Néanmoins, il y a eu durant toutes ces années une grande stabilité dans le groupe. Arthur Oldham avait au début imposé des limites d'âge pour l'entrée dans le chœur : 35 ans pour les sopranos, 45 pour les altos (aucune pour les hommes!). Mais, par la suite, il a abandonné ce critère de sélection. Il n'y a pas, à ma connaissance, de limite d'âge pour entrer au chœur aujourd'hui. Le départ d'un bon nombre d'anciens choristes en 2002 a permis l'arrivée d'une nouvelle génération de chanteurs : le chœur s'en est trouvé tout naturellement rajeuni.

Une des nouveautés de l'organisation actuelle est la possibilité donnée, à ceux des choristes qui le souhaitent, de suivre des cours de chant et de déchiffrage.

Nous devons repasser une audition devant nos chefs tous les trois ans.

Le travail du chœur

Il y a peut-être aujourd'hui une attention plus grande donnée à la préparation, à l'échauffement et aux vocalises, ce qui est important pour la santé de la voix. Le travail est fondé sur la recherche de l'équilibre vocal, sur la qualité du son, l'écoute des autres. C'est quelque chose de nouveau et de complémentaire avec le travail que nous pouvions faire avant. Arthur Oldham favorisait une lecture globale de l'œuvre, que l'on travaillait en détail après l'avoir déchiffrée en entier ; il avait pour premier objectif la réalisation du concert à venir.

Les chefs de chœur s'informent auprès du chef d'orchestre, avant de faire travailler l'œuvre, des tempi, des nuances et couleurs qu'il souhaite. Ces directives sont ensuite travaillées avec le chœur ; ce travail continue lors des répétitions avec le chœur seul et le chef d'orchestre, puis tous ensemble avec l'orchestre et les solistes.

Le chœur de l'Orchestre de Paris a (et a toujours eu) des pianistes répétiteurs très chevronnés. Certains sont maintenant chefs de chant à l'Opéra. Deux d'entre eux sont devenus aujourd'hui des chefs d'orchestre reconnus : Frédéric Chaslin et Stéphane Denève.

Programmes

Le chœur de l'Orchestre de Paris représente une grande masse chorale et donne donc essentiellement les œuvres du répertoire qui demandent cette importance vocale. Lorsque des œuvres réclamaient un effectif plus réduit, Arthur Oldham choisissait dans le chœur. Il y a eu aussi des moments presque solistes, quand Daniel Barenboïm nous a fait participer aux concerts de musique de chambre (il est arrivé que nous chantions à 16 choristes, par exemple dans les *Zigeuner Lieder* de Brahms). Chanter avec Barenboïm accompagnant au piano était une expérience passionnante. Nous avons aussi participé à des programmes d'opéra, à commencer par le Festival Mozart organisé entre 1982 et 1987 par Daniel Barenboïm, mis en scène par Jean-Pierre Ponnelle. Nous avons donné tous les opéras sur les livrets de Da Ponte, ainsi que *La Flûte enchantée*. Nous étions 16 ou 20 sur scène, autre expérience impressionnante et instructive ; amusante aussi, puisqu'il fallait être costumé et suivre une mise en scène. En 1978, nous avons chanté dans *Samson et Dalila* de Saint-Saëns, aux Chorégies d'Orange, en 1988 au Théâtre des Champs-Élysées dans *Le Crépuscule des dieux,* mis en scène par Daniel Mesguich, plus récemment encore à Bercy pour les *Contes d'Hoffmann* d'Offenbach, avec le chœur Colonne. Nous avons aussi chanté la *Neuvième Symphonie* de Beethoven pour le ballet homonyme de Maurice Béjart, à Bercy, en 1999.

Les grandes œuvres de notre répertoire sont d'abord évidemment, comme pour toute grande formation chorale, les œuvres symphoniques et chorales des XVIIIe, XIXe et XXe siècles : je cite, mais il y en a bien d'autres, le *Requiem* de Mozart, la *Neuvième Symphonie* et la *Missa solemnis* de Beethoven, le *Requiem allemand* de Brahms, *La Damnation de Faust* de Berlioz, le *Requiem* de Verdi, le *War Requiem* de Britten. Dernièrement nous avons ajouté à notre répertoire les *Scènes de Faust* de Schumann, que nous n'avions encore jamais chantées. Le répertoire des pays de l'Est, comme les œuvres de Dvořák ou Janáček, par exemple, est peu travaillé par le chœur. Il y a encore tant d'œuvres que nous avons chantées moins souvent, mais tout aussi importantes : pour n'en citer que quelques-unes, *Alexandre Nevsky* de Prokofiev, les *Gurrelieder* de Schoenberg, *Noces* de Stravinski, *Das Klagende Lied* de Mahler et bien d'autres !

L'habitude est prise aujourd'hui (depuis 2002) de donner un concert *a cappella,* avec tout l'ensemble. C'est une expérience nouvelle et enrichissante.

Nous avons rarement chanté avec d'autres chœurs (parfois avec des ensembles d'enfants, quand le répertoire le demandait). L'année prochaine, pour la *Symphonie des Mille* de Mahler, nous allons nous associer avec deux autres chœurs amateurs, le Wiener Singverein et le London Symphony Chorus. Ce sera une expérience entièrement nouvelle.

Les salles

Entre 1976 et 1981, nous avons chanté, avec l'Orchestre, au Palais des Congrès. C'est une salle énorme (mais il est arrivé de faire salle comble !). L'acoustique y était déplorable. La salle de répétition du Palais des Congrès, située au niveau -3, nous a servi de salle de répétition jusqu'en 2002 – aujourd'hui nous répétons à l'auditorium du Conservatoire national de Région, rue de Madrid. Pendant cette période et au-delà, nous avons aussi chanté au Théâtre des Champs-Élysées. En 1981, nous nous sommes installés à la salle Pleyel. La petite salle Chopin, au sous-sol de la salle Pleyel, nous servait de salle pour les « raccords ».

Après une parenthèse de quatre ans, entre 2002 et 2006, au Théâtre Mogador, nous avons retrouvé avec bonheur la salle Pleyel, somptueusement restaurée et rénovée.

Il nous est aussi arrivé de chanter au Théâtre du Châtelet, à Notre-Dame de Paris, à la basilique de Saint-Denis, et dans d'autres lieux encore.

Les chefs d'orchestre

Le privilège de chanter dans le chœur de l'Orchestre de Paris, c'est aussi d'être dirigé par les plus grands chefs. À commencer par les chefs permanents, Daniel Barenboïm autrefois, puis Semyon Bychkov, Christoph Eschenbach aujourd'hui. Mais d'autres chefs, invités, nous ont profondément marqués. Carlo Maria Giulini était exceptionnel par sa dimension spirituelle. À la fin de sa carrière, il a fait venir le chœur à Turin pour exécuter avec lui le *Requiem* de Verdi, puis il est revenu à Paris pour le donner encore avec nous, peu de temps avant de se retirer. Wolfgang Sawallisch avait une rigueur impressionnante. Pierre Boulez est la rigueur incarnée et utilise dans le travail une économie de moyens exceptionnelle d'efficacité. La liste est longue des chefs avec qui nous avons chanté : Georg Solti, Zubin Mehta, Seiji Osawa, Erich Leinsdorf, Rafael Kubelik, Antal Doráti…

C'est aussi le privilège de côtoyer les plus grands solistes : Jessye Norman, Julia Varady, Waltraud Meier, Dietrich Fischer-Dieskau, Luciano Pavarotti, José Van Dam…

Vu de l'extérieur, cela peut paraître incroyable de consacrer tant de soirées à répéter ou à donner tant de concerts, alors que nous ne sommes que des amateurs ; mais je vous assure que nous ne donnerions notre place pour rien au monde : chanter ainsi, n'est-ce pas le bonheur ?

MARC LAUGENIE
Ténor dans le chœur de l'Orchestre de Paris depuis 2004.

Marc Laugenie est arrivé en 2004 au chœur de l'Orchestre de Paris. Pour son premier concert, qui l'a profondément marqué, il a chanté dans la *Neuvième Symphonie* de Beethoven sous la direction de Christoph Eschenbach.

Parcours personnel

Je suis enseignant maître formateur : d'abord instituteur, je suis maintenant conseiller pédagogique départemental spécialisé en éducation musicale à l'inspection académique des Hauts-de-Seine.
Ma tâche comprend la formation des enseignants du premier degré ainsi que la mise en relation du milieu scolaire avec le milieu musical, les écoles de musique notamment, ainsi que le développement de projets de partenariat entre l'Éducation nationale, des structures culturelles et des artistes. J'ai notamment mis en œuvre, en 2006, un projet d'action culturelle entre des classes d'école élémentaire de Suresnes et le chœur de chambre Accentus, direction Laurence Equilbey. Mon métier et mes activités de chanteur ne sont donc pas étrangers l'un à l'autre.
J'ai commencé très tôt à m'intéresser au chant. D'abord par tradition familiale, car j'étais d'une famille où cela tenait une place importante. À l'âge de 12 ans, j'ai voulu jouer du piano. J'ai découvert la pratique du chant choral un peu par hasard, à 20 ans, en entendant un chœur interpréter le *Stabat Mater* de Dvořák. Cela a été une véritable révélation, très émouvante. Après avoir chanté dans un ensemble amateur à effectif réduit (4 par voix) où nous chantions beaucoup de musique ancienne, je suis entré au Chœur de chambre de Paris, l'ensemble de Didier Bouture puis, en 2004, au chœur de l'Orchestre de Paris.
Je suis donc arrivé après l'époque d'Arthur Oldham. On parle aujourd'hui des années 1980 comme d'un « âge d'or » pour le chœur. C'était l'époque où les choristes partaient en tournée avec l'Orchestre de Paris, notamment aux États-Unis : ces voyages ont été des expériences profondément marquantes pour les chanteurs qui les ont vécues.
Les années 1980-1990 ont marqué par ailleurs une importante étape dans l'histoire française du chant choral ; les grandes formations amateurs étaient peut-être moins exigeantes sur le plan de la qualité artistique qu'elles ne le sont devenues par la suite. Le renouveau du chant choral a été, entre autres, porté en France par Laurence Equilbey, aujourd'hui conseillère aux activités vocales auprès de l'Orchestre de Paris. Elle a fait connaître en particulier des répertoires issus du nord de l'Europe et de l'Allemagne, assez peu pratiqués en France dans ces années. Elle a également redonné ses lettres de noblesse à la pratique du chœur *a cappella*.

Les règles pour l'entrée dans le chœur

Les règles pour intégrer le chœur ont changé : il faut bien sûr, comme avant, une audition pour être admis, mais il faut ensuite passer une nouvelle audition, tous les trois ans, pour pouvoir rester. L'audition d'entrée comprend deux parties : un air au choix du choriste et une épreuve de déchiffrage. Les trois responsables du chœur assistent généralement aux auditions : Laurence Equilbey, Didier Bouture et Geoffroy Jourdain, les deux chefs de chœur. Geoffroy Jourdain est par ailleurs à la tête d'un ensemble de haut niveau, Les Cris de Paris. Il est demandé aux choristes de posséder un niveau de déchiffrage correct, l'essentiel restant la beauté du timbre et la santé de la voix. Je suis régulièrement des cours de chant, ce qui est d'ailleurs une obligation quand on fait partie de cette formation. Certains peuvent intégrer le chœur à la condition de suivre une formation complémentaire prévue dans le cadre du dispositif pédagogique prévu par l'équipe des chefs : des cours de formation musicale avec Nicolas Ferenbach, l'un des deux pianistes accompagnateurs, ou avec Christine Morel, professeur de formation musicale au CNR de Paris. Des cours de chant sont parfois recommandés, avec les professeurs attitrés du chœur Miriam Ruggeri, Christophe Le Hazif et Mélanie Jackson.

Le travail : répétitions et concerts

C'est un travail assidu, à la maison et en répétitions. Le chœur donne, en moyenne, six programmes par an et répète chacun d'entre eux pendant à peu près six semaines. Il y a deux répétitions par semaine, entre 20 h et 22 h 30 au Conservatoire national de Région de Paris, rue de Madrid. Il peut y avoir aussi des répétitions partielles : les pupitres deux par deux (femmes, hommes) ou bien deux petits chœurs avec les quatre voix. Les deux chefs dans ce cas prennent chacun en charge l'un des deux groupes. Le travail des répétitions commence toujours par une mise en voix et des exercices physiques de relaxation. Les exercices portent aussi sur l'écoute des autres à partir de vocalises à une ou plusieurs voix ou des accords, pour perfectionner la justesse de l'ensemble. La question de la prononciation des langues étrangères se pose évidemment, comme pour tout chœur. Lors des répétitions, ces aspects sont abordés. Pour la préparation de la *Treizième Symphonie, Babi Yar,* de Dmitri Chostakovitch, dont la première audition française fut donnée par le chœur de l'Orchestre de Paris sous la direction de Daniel Barenboïm, un des chanteurs a enregistré la prononciation du russe pour permettre au chœur de se préparer.
Quelques jours avant le concert, une des répétitions, accompagnée au piano, se fait avec le chef d'orchestre (généralement le dimanche qui précède). Le lundi suit une autre répétition avec chœur et orchestre et enfin, le mardi, la répétition générale qui, le plus souvent, est publique. La présence aux concerts et aux répétitions est impérative, nous devons émarger à chaque fois et signaler toute absence. Enfin, le travail des chanteurs est d'acquérir une grande faculté d'adaptation : deux chefs d'orchestre ne donneront jamais la même version d'une même œuvre, n'auront jamais la même gestique ; il faut que chacun soit capable de suivre ces changements d'interprétation.
Le chœur de l'Orchestre de Paris a cela de particulier qu'il est l'une des rares formations amateurs qui offrent la possibilité de chanter dans un contexte d'un tel niveau. Les membres du chœur viennent de milieux et de métiers très différents, ce qui confère à notre ensemble une remarquable diversité. Le contact avec le chef d'orchestre est très important. Avoir donné *Daphnis et Chloé,* au Théâtre du Châtelet, sous la direction de Pierre Boulez fut un événement très impressionnant. Le directeur musical, Christoph Eschenbach, est très attentif au chœur et fait preuve d'exigence en répétition. Le chœur a aussi chanté avec des chefs invités : Marek Janowski, Sylvain Cambreling et Rafael Frühbeck de Burgos dans *La Vie brève* de Manuel de Falla, un événement marquant. Bien

qu'étant amateurs, nous devons tous faire preuve de professionnalisme notamment dans notre attitude de travail, notre concentration. L'année prochaine, la programmation prévoit, entre autres, la *Symphonie de psaumes* de Stravinski ainsi que la *Symphonie des Mille* de Mahler, pour laquelle on prévoit une collaboration avec la maîtrise de Radio-France, le Wienersingverein et le London Symphony Chorus.

Effectif et répertoire

Le chœur de l'Orchestre de Paris est composé de 130 choristes et il est assez rare qu'un concert soit donné sans l'effectif complet. Cela amène évidemment l'Orchestre de Paris à programmer essentiellement des œuvres symphoniques des XIXe et XXe siècles. Des questions se posent parfois comme pour le *Requiem* de Mozart : 130 choristes pour cette œuvre, c'est sans doute trop aujourd'hui, après toutes les recherches musicologiques réalisées ! Mais il a tout de même été décidé de donner l'œuvre avec l'effectif complet.

Le chœur est composé de personnes dont certaines sont en voie de professionnalisation. Pendant les répétitions avec piano qui précèdent le concert, les solistes ne sont pas là : des chanteurs apprennent leurs parties. Ils sont donc prêts en cas d'absence accidentelle ! Il est arrivé que certains sortent « du rang » pour remplacer, en répétition, un soliste absent. Cela s'est produit récemment pour le *Requiem* de Verdi : une soprano du chœur a chanté pour remplacer la soliste, souffrante le jour de la générale.

C'est Laurence Equilbey qui a eu l'idée de développer le travail *a cappella* du chœur. Ce travail est fondamental, car il développe la conscience collective du son et la responsabilité de chacun. Cela nous a fait faire des progrès incomparables pour la sonorité, l'homogénéité et la justesse.

Chaque année, le chœur donne d'ailleurs un concert où il se produit seul : deux se sont déroulés en l'église Saint-Eustache à Paris. Nous y avons chanté les grandes œuvres chorales de Brahms et Mendelssohn ainsi que des œuvres de Francis Poulenc et Benjamin Britten. Le dernier a eu lieu à Pleyel en juin 2007. C'était le concert du 30e anniversaire.

Le 30e anniversaire du chœur

Le chœur a été fondé en 1976 : en septembre 2006, en même temps que la réouverture de la salle Pleyel, il fêtait donc son 30e anniversaire. Nous avons, à cette occasion, pu chanter la symphonie *Résurrection* de Gustav Mahler sous la direction de Christoph Eschenbach.

Le concert anniversaire proprement dit a eu lieu en juin 2007. Une œuvre a été commandée à Édith Canat de Chizy pour l'occasion : *Dancing in the Wind* pour chœur *a cappella*.

Deux autres formations ont été invitées à participer au concert ; il s'agit du Jeune Chœur de Paris, direction Laurence Equilbey et Geoffroy Jourdain, et de la Maîtrise de Paris, direction Patrick Marco. D'autre part, durant la saison 2006-2007, lors de chaque concert où le chœur intervient, une œuvre *a cappella* a été offerte au public : de Verdi, nous avons interprété le *Pater Noster,* de Poulenc, le *Salve Regina.*

Le chant choral et la pédagogie

Concernant la pédagogie de la direction de chœur, Laurence Equilbey, Geoffroy Jourdain et Didier Bouture ont mis en œuvre un partenariat pour la formation de jeunes chefs de chœur, avec l'Association régionale d'information et d'actions musicales (ARIAM) d'Île-de-France. Ces jeunes chefs participent régulièrement aux répétitions et dirigent le chœur. Ils assistent également aux répétitions générales et aux concerts. Des étudiants préparant le CAPES sont également venus assister à nos répétitions dans le cadre de leur épreuve de direction de chœur.

Comme enseignant, je pense que le chant choral est l'une des pratiques qui doivent servir à l'enseignement de la pédagogie. Avoir pratiqué le chant m'a ouvert beaucoup de perspectives dans l'exercice de mon métier. Si les enseignants faisaient davantage chanter leurs élèves, ils se donneraient plus de moyens d'établir avec eux des liens forts, fondés sur l'écoute et le respect de l'autre, l'apprentissage de la maîtrise de soi, la conscience du travail et du résultat collectif. Ils pourraient ainsi en recueillir, dans leur vie à l'école, le sens et la joie de vivre qui en résulte. Bien au-delà de l'enrichissement culturel, le chant concourt à l'éducation générale de l'enfant.

L'Orchestre de Paris mène régulièrement des projets en direction du milieu scolaire, grâce notamment à ses actions en direction du jeune public. Des élèves sont venus, cette année, à la rencontre du chœur. Une classe d'école élémentaire de Rueil-Malmaison a pu par exemple assister à la générale du *Requiem* de Verdi, et Didier Bouture est allé à leur rencontre en classe. Cela a été une occasion unique d'échanges humains et musicaux.

Créations par l'Orchestre de Paris en France

1967	novembre	Igor Stravinski	*Requiem Canticlès* (P) (dir. Charles Münch)
1969	avril	Jacques Charpentier	*Prélude pour la Genèse* (F) (dir. Louis de Froment)
1970	octobre	Toru Takemitsu	*November Steps* (P) (dir. Seiji Osawa)
1972	juin	Jean Martinon	Symphonie *Altitudes* (P) (dir. Jean Martinon)
1973	mai	Hans Werner Henze	*Sixième Symphonie* (P) (dir. Gilbert Amy)
1977	mars	Heinz Holliger	*Atembogen* (F) (dir. Pierre Boulez)
	mars	Pierre Boulez	*Rituel, in memoriam Maderna* (P) (dir. Pierre Boulez)
	octobre	Peter Maxwell Davies	*Worldes Blies* (F) (dir. Pierre Boulez)
1978	février	Wojciech Kilar	*Krzesany* (F) (dir. Witold Rowicki)
	mars	Witold Lutoslawski	*Mi-Parti* (F) (dir. Daniel Barenboïm)
1980	octobre	Witold Lutoslawski	*Novelette* (F) (dir. Daniel Barenboïm)
1981	février	Dmitri Chostakovitch	*Symphonie n° 14* (version originale) (F) (Julia Varady, soprano ; Siegmund Niemsgern, basse – dir. Rudolf Barshai)
	février	Witold Lutoslawski	*Variations sur un thème de Paganini*, pour piano et orchestre (F) (Jean-Bernard Pommier, piano – dir. Serge Baudo)
	décembre	Serge Nigg	*Million d'oiseaux d'or* (F) (dir. Michel Plasson)
1982	septembre	Witold Lutoslawski	*Concerto pour hautbois et harpe* (F) (Heinz Holliger, hautbois ; Ursula Holliger, harpe – dir. Witold Lutoslawski)
	octobre	Manfred Trojahn	*Erstes Seebild* (F) (dir. Stanislaw Skrowaczewski)
	novembre	Giuseppe Sinopoli	*Lou Salomé* – Scène d'adieu de l'acte I (F) (dir. Giuseppe Sinopoli)
1983	janvier	Siegfried Wagner	*Sehnsucht*, poème symphonique (F) (dir. Daniel Barenboïm)
	février	Krzysztof Penderecki	*Concerto pour violoncelle* (F) (Mstislav Rostropovitch, violoncelle – dir. Krzysztof Penderecki)
	mars	Aribert Reimann	*Variations pour orchestre* (F) (dir. Daniel Barenboïm)
	novembre	Luciano Berio	*Bewegung* (F) (dir. Luciano Berio)
1984	novembre	Alvin Singleton	*A Yellow Rose Petal* (F) (dir. James Conlon)
	décembre	Jean-Louis Florentz	*Les Marches du Soleil* I (F) (dir. Claude Bardon)
1985	janvier	Witold Lutoslawski	*Troisième Symphonie* (F) (dir. Daniel Barenboïm)
	avril	Hans Werner Henze	*Septième Symphonie* (F) (dir. Daniel Barenboïm)
	octobre	Ravi Shankar	*Raga-Mala*, concerto pour sitar n° 2 (F) (Ravi Shankar, sitar – dir. Zubin Mehta)
	novembre	Alfred Schnittke	*Concerto pour violon n° 4* (F) (Gidon Kremer, violon – dir. Christoph von Dohnanyi)
1986	octobre	Dmitri Chostakovitch	*Treizième Symphonie Babi Yar* (F) (John Tomlinson, basse – dir. Daniel Barenboïm)
	novembre	Witold Lutoslawski	*Chain II*, dialogue pour violon (F) (Alain Moglia, violon – dir. Christoph von Dohnanyi)
	novembre	Siegfried Wagner	*Konzertstück pour flûte* (F) (Jean-Pierre Rampal, flûte – dir. Günther Herbig)
1987	octobre	Iannis Xenakis	*Keqrops* (F) (Roger Woodward, piano – dir. Zubin Mehta)
	octobre	Marcel Landowski	*Symphonie de Montségur* (P) (K. Martin, soprano ; François Le Roux, baryton – dir. Daniel Barenboïm)
1988	avril	Siegfried Matthus	*La Forêt*, concerto pour timbales (F) (François Dupin, timbales – dir. Klaus Peter Flor)
	septembre	Hugo Wolf	*Scherzo* et *Finale* (F) (dir. Daniel Barenboïm)
	octobre	Witold Lutoslawski	*Chain III* (F) (dir. Witold Lutoslawski)
	octobre	Witold Lutoslawski	*Concerto pour piano* (F) (Krystian Zimerman, piano – dir. Witold Lutoslawski)
	novembre	York Höller	Concerto pour piano (F) (Daniel Barenboïm, piano – dir. Pierre Boulez)

1989	avril	Steve Reich	*Four Sections* (F) (dir. Kent Nagano)
	octobre	Alfred Schnittke	*(K) ein Sommernachtstraum* (F) (dir. Semyon Bychkov)
1990	janvier	Krzysztof Penderecki	*Passacaglia pour orchestre* (F) (dir. Krzysztof Penderecki)
	octobre	Gustav Mahler/Luciano Berio	*5 Frühe Lieder* (F) (Andreas Schmidt, baryton – dir. Semyon Bychkov)
	novembre	György Ligeti	*Concerto pour violon* (F) (Saschko Gawriloff, violon – dir. Kent Nagano) dans le cadre du Festival d'Automne
1995	février	John Adams	*Concerto pour violon* (P) (Gidon Kremer, violon – dir. Christoph Eschenbach)
	mars	Heinz Holliger	*Trakl-Lieder* (Cornelia Kallisch, mezzo-soprano – dir. Heinz Holliger)
1998	7 octobre	Joseph Schwantner	*Concerto pour percussion et orchestre* (F) (Evelyn Glennie, perc. – dir. Marin Alsop)
	14 octobre	Ellen Taaffe Zwillich	*Concerto pour violon* (F) (Pamela Frank, violon – dir. Christoph von Dohnanyi)
1999	21 octobre	John Adams	*Century Rolls,* concerto pour piano (F) (Emanuel Ax, piano – dir. Christoph von Dohnanyi)
	27 octobre	Sofia Goubaidoulina	*Concerto pour alto* (F) (Yuri Bashmet, alto – dir. Christoph von Dohnanyi)
	novembre	Luciano Berio	*Outis* (opéra créé à la Scala le 2 octobre 1996) (F) (dir. David Robertson ; nouvelle production Yannis Kokkos)
2001	1er mars	Matthias Pintscher	*Sur « Départ » d'Arthur Rimbaud*, pour groupes d'orchestre, trois violoncelles et voix de femme (F) (Chœur Accentus – dir. Christoph Eschenbach)
	1er mars	Marc-André Dalbavie	*Concerto pour violon* (F) (Eiichi Chijiiwa, violon – dir. Christoph Eschenbach)
	26 novembre	Kaija Saariaho	*L'Amour de loin* (opéra créé à Salzbourg le 15 août 2000) (F) (dir. Kent Nagano ; production Peter Sellars)
2002	20 mars	Krzysztof Penderecki	*Concerto grosso pour 3 violoncelles et orchestre* (F) (Emmanuel Gaugué, Éric Picard, François Michel, violoncelles – dir. Christoph Eschenbach)
	28 septembre	Marc-André Dalbavie	*Color* (dir. John Axelrod), dans le cadre de Musica, Strasbourg (F)
	28 septembre	Pascal Dusapin	*A quia* (dir. John Axelrod), dans le cadre de Musica, Strasbourg (F)
2003	3 juin	Matthias Pintscher	*En sourdine,* concerto pour violon (F) (Frank Peter Zimmermann, violon – dir. Christoph Eschenbach)
	3 juin	Wolfgang Rihm	*Spiegel und Fluss* (F) (dir. Christoph Eschenbach)
2004	22 janvier	Marc-André Dalbavie	*Ciaccona* (F) (dir. Christoph Eschenbach)
	17 septembre	Olga Neuwirth	*Clinamen-nodus* (F), dans le cadre de Musica, Strasbourg (dir. Alexandre Briger)
2005	2 mars	Oliver Knussen	*Concerto pour violon* (F) (Pinchas Zukerman, violon – dir. Christoph Eschenbach)
2006	27 septembre	Gilbert Amy	*Concerto pour violoncelle* (P) (Jean-Guihen Queyras, violoncelle – dir. Gilbert Amy)

Affiche annonçant les concerts à deux orchestres des 3 et 4 novembre 1988 (l'Orchestre de Paris et l'ensemble InterContemporain).
Direction Pierre Boulez, Daniel Baremboïm.
(Archives Orchestre de Paris.)

F création en France
P première audition à Paris

Créations mondiales par l'Orchestre de Paris

1969	22 octobre	Olivier Messiaen	*La Transfiguration de Notre-Seigneur Jésus-Christ* (dir. Serge Baudo)
	16 décembre	Marius Constant	*Par le feu*, cinq chants et une vocalise (Régine Crespin, soprano – dir. Marius Constant)
1970	25 juillet	Henri Dutilleux	*Tout un monde lointain*, concerto pour violoncelle (Mstislav Rostropovitch, violoncelle – dir. Serge Baudo)
1971	25 octobre	Pierre-Petit	*Storia* (dir. Georges Sebastian)
	13 novembre	Georges Barboteu	*Limites*, pour cor et orchestre (Georges Barboteu, cor – dir. Marius Constant)
1972	29 novembre	Philippe Capdenat	*Wahazzin* (dir. Serge Baudo)
1973	27 février	André Jolivet	*Concerto pour violon* (Luben Yordanoff, violon – dir. Zdenek Mácal)
	10 mars	Gilbert Amy	*D'un espace déployé* (dir. Gilbert Amy) — commande de l'Orchestre de Paris
	14 mai	Henry Barraud	*3 études pour orchestre* (dir. Roberto Benzi)
1974	16 janvier	Claude Pichaureau	*La Grande Menace* (dir. Pierre Dervaux) — commande de l'ORTF
	16 octobre	Iannis Xenakis	*Noomena* (dir. Sir Georg Solti) — commande du ministère des Affaires étrangères et du Festival d'automne
1975	7 mai	Daniel-Lesur	*Symphonie d'ombre et de lumière* (dir. Michel Plasson)
1976	8 janvier	Jacques Bondon	*Concerto solaire pour sept cuivres et grand orchestre* (dir. Jean-Pierre Jacquillat) — commande de l'État
1977	5 mai	Jean-Claude Éloy	*Fluctuante — Immuable* (dir. Jean-Claude Casadesus)
	3 novembre	George Crumb	*Star-child* (dir. Pierre Boulez)
	14 novembre	Marcel Landowski	*Messe de l'Aurore* (dir. Daniel Barenboïm) — commande de l'Orchestre de Paris pour son 10e anniversaire
1980	18 juin	Pierre Boulez	*Notations I* (dir. Daniel Barenboïm) — commande de l'Orchestre de Paris
1981	19 mars	Georges Hugon	*Troisième Symphonie* (dir. Emmanuel Krivine)
1983	20 janvier	Richard Wagner	*La Descente de la Courtille* (dir. Daniel Barenboïm)
	16 mars	Jacques Lenot	*Pour mémoire III* (dir. Daniel Barenboïm)
	11 octobre	Jacques Delécluse	*Kalei*, pour 3 percussions (dir. Daniel Barenboïm)
1985	13 février	Hugues Dufourt	*Surgir* (dir. Claude Bardon) — commande de l'Orchestre de Paris
1986	5 février	Hans Werner Henze	*Fandango* (dir. Daniel Barenboïm) — commande de l'Orchestre de Paris
1988	2 mars	Edison Denisov	*Symphonie* (dir. Daniel Barenboïm) — commande de l'Orchestre de Paris
	26 mai	Gilbert Amy	*Missa cum Jubilo* (dir. Peter Eötvös) — commande de l'État
	3 novembre	Luciano Berio	*Concerto II (Echoing Curves)* (Daniel Barenboïm, piano – dir. Pierre Boulez) — commande du ministère de la Culture et de la Fondation Total pour la musique pour l'Orchestre de Paris
1989	29 novembre	Toru Takemitsu	*A String Around Autumn*, pour alto et orchestre (Nobuko Imai, alto – dir. Kent Nagano) — commande du Festival d'Automne avec le concours de l'État
1991	15 mai	Yan Maresz	*Parmi les étoiles fixes…* (dir. Semyon Bychkov) — commande de l'Orchestre de Paris
1992	5 mars	Carlos Roqué Alsina	*Deuxième Symphonie* (dir. Semyon Bychkov) — commande de l'État pour l'Orchestre de Paris
1993	29 septembre	Allain Gaussin	*Années-Lumière* (dir. Michel Tabachnik) — commande de l'État pour l'Orchestre de Paris, avec le concours de l'Association ORCOFI
1994	12 octobre	Jean-Louis Florentz	*Le Songe de Lluc Alcari*, concerto pour violoncelle (Yvan Chiffoleau, violoncelle – dir. Semyon Bychkov) — commande de l'État et de Musique Nouvelle en Liberté
1996	24 janvier	Gilbert Amy	*Trois Scènes, pour orchestre* (dir. Semyon Bychkov) — commande de l'État et de l'Orchestre de Paris
1997	13 février	Éric Tanguy	*Concerto pour violon n° 2* (Philippe Aïche, violon – dir. Semyon Bychkov) — commande de l'Orchestre de Paris

1997	10 mars	Philippe Manoury	*60e Parallèle* (dir. David Robertson) opéra de Philippe Manoury, Michel Deutsch et Pierre Strosser — commande du Théâtre du Châtelet et de l'IRCAM, avec le soutien de la Fondation Beaumarchais (Paris), Paul Sacher, l'Ircam et l'Orchestre de Paris
	17 octobre	Jean-Claude Drouet	*Mi-clos,* pour cor, cordes et percussions (André Cazalet, cor ; Jean-Claude Drouet, percussions – dir. Semyon Bychkov) — commande de l'Orchestre de Paris pour son 30e anniversaire
1998	16 juin	Michaël Levinas	*Euphonia,* d'après un texte d'Hector Berlioz (dir. Stéphane Denève) — commande de l'Orchestre de Paris (coproduction Orchestre de Paris / Comédie-Française / Théâtre du Vieux-Colombier)
	18 septembre	Philippe Manoury Philippe Hurel	*Douze Moments,* extraits de *60e Parallèle* *Flash back,* dans le cadre de Musica, Strasbourg (dir. Bernhard Kontarsky)
1999	17 février	Franco Donatoni	*Fire* (in cauda IV) pour 4 voix de femme et orchestre — commande de l'Orchestre de Paris (Marie Devellereau, Rié Hamada, Hedwig Fassbender, Cécile Eloir, solistes – dir. Christoph von Dohnanyi)
	6 mai	Magnus Lindberg	*Concerto pour violoncelle* (Anssi Karttunen, violoncelle – dir. Esa-Pekka Salonen) — commande de l'Orchestre de Paris
2000	30 mars	Michael Jarrell	*Assonance IX* pour clarinette et orchestre (Paul Meyer, clarinette – dir. Sylvain Cambreling) — commande de l'Orchestre de Paris
2001	5 avril	Martin Matalon	*Otras ficciones,* pour instruments à vent, 2 pianos, percussion et contrebasse (dir. Christoph Eschenbach) — commande de l'Orchestre de Paris dans le cadre du cycle « Berlioz 2003 »
2002	30 janvier	Marc-André Dalbavie	*Color,* pour orchestre — commande de l'Orchestre de Paris au compositeur en résidence – Création à New York (dir. Christoph Eschenbach)
	23 février	Bruno Mantovani	*Par la suite* pour flûte, 2 violons, alto, violoncelle, contrebasse et clavecin — commande de l'Orchestre de Paris
	25 mai	Marc-André Dalbavie	*Trait d'union* — commande de l'Orchestre de Paris
	7 septembre	Pascal Dusapin	*A quia,* concerto pour piano et orchestre, création dans le cadre du Festival Beethoven à Bonn — commande de l'Orchestre de Paris – Festival Beethoven de Bonn – Musica de Strasbourg (Ian Pace, piano – dir. Christoph Eschenbach)
2003	29 octobre	Marc-André Dalbavie	*Double jeu,* pour ensemble mixte d'instruments classiques chinois et occidentaux et soprano sur des textes d'Ezra Pound — commande de l'Orchestre de Paris (Claudia Barainsky, soprano – dir. Christoph Eschenbach) Création dans le cadre de l'année de la Chine en France
	11 décembre	Philippe Manoury	*Noon* pour soprano solo, chœur de chambre, orchestre et dispositif électronique, sur des poèmes d'Emily Dickinson — commande de l'Orchestre de Paris pour le cycle « Berlioz 2003 » (Valdine Anderson, soprano, chœur Cappella d'Amsterdam - dir. Esa Pekka Salonen)
2004	17 septembre	Bruno Mantovani	*Six Pièces pour orchestre* — commande de l'Orchestre de Paris et du Festival Musica de Starsbourg (dir. Alexandre Briger)
	22 janvier	Luciano Berio	*Stanze,* pour baryton, trois chœurs d'hommes et orchestre (création posthume) — commande de l'Orchestre de Paris (Dietrich Henschel, baryton – dir. Christoph Eschenbach) Chœur de l'Orchestre de Paris et chœur de l'Armée française
	27 mars	Marc-André Dalbavie	*Pièce pour violon, cor et piano* — commande de l'Orchestre de Paris (Philippe Aïche, violon ; André Cazalet, cor ; Dimitri Vassilakis, piano)
2005	2 février	Édith Canat de Chizy	*Concerto pour alto* — commande de l'Orchestre de Paris (Ana Bela Chaves, alto – dir. Christoph Eschenbach)
2006	14 février	Matthias Pintscher	*Reflections on Narcissus,* pour violoncelle et orchestre — commande de l'Orchestre de Paris – Alte Oper Francfort – Festival Présences (Truls Mørk, violoncelle – dir. Christoph Eschenbach)
2007	28 mars	Luis de Pablo	*Natura* (dir. Josep Pons) — commande du Festival internacional de Musica y Danza de Granada
	10 mai	Marco Stroppa	*Ritratti senza volto* (Portraits sans visage) (dir. John Axelrod) — commande de l'Orchestre de Paris
	13 juin	Marc-André Dalbavie	*Concertino pour piano et ensemble à cordes* — commande de l'Orchestre de Paris (Tzimon Barto, piano – dir. Christoph Eschenbach)

Chronolog

– 1796 : installation du Conservatoire de musique (fondé en 1795) à l'hôtel des Menus-Plaisirs.
– 1811 : inauguration de la Salle des concerts du Conservatoire.

1828-1848
François Antoine Habeneck

– 15 février 1828 : arrêté de Sosthène de La Rochefoucauld, « chargé du Département des Beaux-Arts de la Maison de Sa Majesté », autorisant les concerts de la Société des concerts du Conservatoire. Habeneck est directeur, Cherubini président.
– 9 mars 1828 : premier concert de la Société des concerts du Conservatoire, avec la *Symphonie héroïque* de Beethoven, donnée pour la première fois en France.
– 1832 : toutes les symphonies de Beethoven ont été données par la Société.
– 1833 : une œuvre de Berlioz est donnée pour la première fois (*Intrata di Rob Roy MacGregor*) ; il sera très peu joué de son vivant par cet orchestre
– Juin 1838 : les nouveaux statuts prévoient la fondation de la Caisse de prévoyance, ainsi que la création de « jurys pour l'admission des ouvrages nouveaux ».
– 15 mars 1842 : mort de Cherubini
– 1848 : élection d'un 2e chef d'orchestre (Tilmant est élu). Narcisse Girard élu 1er chef.

1849-1860
Narcisse Girard

– 8 février 1849 : mort d'Habeneck.
– 1853 : travaux du baron Haussmann : percement de la rue du Conservatoire et de la rue Sainte-Cécile.

1860-1863
Théophile Tilmant

– 1861 : débuts des Concerts Pasdeloup.

1863-1872
François George Hainl

– 1863 : Berlioz fait don à la Société de sa bibliothèque de partitions, parties séparées et manuscrits.
– 1865 : restauration de la salle du Conservatoire. L'éclairage au gaz est installé.
– 1866 : Wagner fait son entrée au répertoire de la Société avec le chœur des pèlerins de *Tannhäuser*.

1872-1885
Edme Marie Ernest Deldevez

– 1875-1876 : Deldevez introduit

La Damnation de Faust au répertoire de la Société.

1885-1892
Jules Garcin

1892-1901
Paul Taffanel

– 1897-1898 : des travaux de sécurité dans la Salle des concerts du Conservatoire contraignent la Société à partir donner les concerts de la saison à l'Opéra.

1901-1908
Georges Marty

– 1903 : centenaire de la naissance d'Hector Berlioz, la Société donne pour la première fois l'intégralité de *Roméo et Juliette*.
– À partir de 1907 : concerts annuels en Belgique et à Lyon.
– 1907 : première exécution intégrale d'*Harold en Italie* de Berlioz.
– 1908 : première exécution intégrale de *L'Enfance du Christ* de Berlioz.

1908-1919
André Messager

– 1913 : inauguration du Théâtre des Champs-Élysées.
– 1917 : tournée en Suisse.
– 1918-1919 : tournée aux États-Unis.
– 1918 : premiers enregistrements de la Société.

1919-1938
Philippe Gaubert

– Juin 1920 : première apparition de la Société au Théâtre des Champs-Élysées.
– 18 octobre 1927 : inauguration de la salle Pleyel par la Société des concerts du Conservatoire.
– 1928 : pour la première fois, un concert de la Société est retransmis à la radio.

1938-1946
Charles Münch

– 22 octobre 1944 : le premier « concert de la Libération » est donné par la Société des concerts sous la direction de Charles Münch ; le *Chant de la Libération* d'Arthur Honegger est programmé.

1946-1960
André Cluytens

– 1946 : le Théâtre des Champs-Élysées devient la principale salle de concerts de la Société.
– 20 mars 1948 : dernier concert

de la Société dans la salle du Conservatoire sous la direction d'André Cluytens.

1964-1967

– 1964 : premier voyage en avion de la Société des concerts pour la tournée au Japon.
– 21 juin 1967 : dissolution de la Société des concerts du Conservatoire : elle avait donné près de 3 000 concerts en 140 saisons (et davantage si l'on compte les concerts donnés en dehors de ceux du dimanche après-midi).

1967-1968
Charles Münch / directeur musical

– 1967 : fondation de l'Orchestre de Paris. Charles Münch en est le premier directeur musical.
– Juillet 1968 : l'Orchestre de Paris se rend au Festival d'Aix-en-Provence.
– 6 novembre 1968 : mort de Charles Münch à Richmond, aux États-Unis, lors de la première tournée de l'Orchestre dans ce pays.

1967-1971
Serge Baudo / chef permanent de l'Orchestre de Paris

1969-1971
Herbert von Karajan / conseiller musical

– 1969 : création mondiale de *La Transfiguration de Notre-Seigneur Jésus-Christ*, d'Olivier Messiaen.
– 1970 : création mondiale de *Tout un monde lointain,* concerto pour violoncelle d'Henri Dutilleux, avec Mstislav Rostropovitch.
– 1972 : création mondiale du *Concerto pour violon* d'André Jolivet.

1972-1975
Sir Georg Solti / directeur musical

1975-1989
Daniel Barenboïm / directeur musical

– 1975-1982 : Jean-Pierre Guillard, administrateur général.
– 1976 : création du chœur de l'Orchestre de Paris ; il est dirigé par Arthur Oldham.
– 1977 : création française de *Rituel, in memoriam Maderna* de Pierre Boulez.
– 1981 : l'Orchestre de Paris en résidence salle Pleyel après des années de nomadisme.
– 1982-1986 : Festival Mozart.
– 1982-1986 : Bruno Brochier, administrateur général.
– 1985 : création mondiale de *Surgir*

d'Hugues Dufourt, salle Pleyel.
– 1986-1994 : Pierre Vozlinsky, directeur général.

1989-1998
Semyon Bychkov / directeur musical

– 1991 : débuts des concerts pour le jeune public au Théâtre du Châtelet.
– 1994-1996 : Stéphane Lissner, directeur général.
– 1995 : ouverture d'un cycle de musique de chambre des solistes de l'Orchestre de Paris en collaboration avec le Théâtre du Châtelet.
– 1996 : Georges-François Hirsch nommé directeur général.
– 1997 : création mondiale de l'opéra de Philippe Manoury, *60e Parallèle*, au Théâtre du Châtelet.

1998-2000
Christoph von Dohnanyi / conseiller musical

– 1999 : création française de l'opéra *Outis* de Luciano Berio au Théâtre du Châtelet sous la direction de Christoph Eschenbach (mise en scène Yannis Kokkos).

Depuis 2000
Christoph Eschenbach / directeur musical

– 2000 : lancement, en collaboration avec d'autres institutions, dont la Bibliothèque nationale de France, du projet « Berlioz 2003 », pour la célébration du bicentenaire de la naissance du compositeur.
– Juillet 2000 : l'Orchestre de Paris, dirigé par Sylvain Cambreling, donne *Les Troyens* dans le cadre du Festival de Salzbourg.
– 2000-2005 : Marc-André Dalbavie, compositeur en résidence de l'Orchestre de Paris.
– 2001 : début d'une série de concerts pour le jeune public avec la Cité de la musique.
– 2002-2003 :
• La salle Pleyel est fermée pour travaux. Départ de l'Orchestre de Paris pour le Théâtre Mogador ; il y restera jusqu'au début de la saison 2006-2007.
• Arrivée de la nouvelle direction du chœur de l'Orchestre de Paris au début de la saison, Laurence Equilbey avec Didier Bouture et Geoffroy Jourdain.
• Début d'une importante collaboration de l'Orchestre de Paris avec le CNSMDP.
• Tournées aux États-Unis (en 2002 et 2003).

Repères bibliographiques

• Janvier 2002 : création de *Color* de Marc-André Dalbavie au Carnegie Hall de New York sous la direction d'Eschenbach.
– 2003 : célébration du bicentenaire de la naissance de Berlioz.
– 2004 : première tournée de l'Orchestre de Paris en Chine, dans le cadre de l'Année de la France en Chine.
– Janvier 2004 : création mondiale de *Stanze* de Luciano Berio, sous la direction d'Eschenbach.
– 2004-2005 : intégrale Beethoven sous la direction d'Eschenbach.
– 13 septembre 2006 : l'Orchestre de Paris donne le concert d'ouverture pour l'inauguration de la salle Pleyel. Christoph Eschenbach dirige la symphonie *Résurrection* de Mahler.
– 2005-2006 : au Théâtre du Châtelet, la *Tétralogie* de Wagner, production de Robert Wilson. L'Orchestre de Paris est dirigé par Eschenbach.
– 2006-2007 : célébration du 90e anniversaire d'Henri Dutilleux, avec une saison consacrée à son œuvre.
– 2007 : tournée en Chine, au Japon, en Corée et, pour la première fois, à Taiwan.
– 2007 : Paavo Järvi est nommé directeur musical à partir de 2010.

Festival de Pékin dans le cadre des années Chine-France.
Octobre-novembre 2004. Au programme Bright Sheng, Dutilleux, Ravel.
Direction Christoph Eschenbach. (Archives Orchestre de Paris.)

Ouvrages

SALINGER (Nicole), (éd.), *Orchestre de Paris*, Paris, Hachette/Francis Van De Velde, 1987.

BERNARD (Élisabeth), « Les abonnés à la Société des concerts du Conservatoire en 1837 », in Peter Bloom, éd. *La Musique à Paris dans les années mil huit cent trente/Music in Paris in the eighteen-thirties*, Stuyvesant (N.Y.), Pendragon press, 1987 p. 42-54.

STRELETSKI (Gérard), *Contribution à l'histoire sociale de la musique en France, Hector Berlioz et Edme Marie Ernest Deldevez : formation et insertion dans la société du XIXe siècle : 1803-1897*, Heilbronn, L. Galland, 2000.

FAUQUET (Joël-Marie), (éd.), *Dictionnaire de la musique en France au XIXe siècle*, Paris, Fayard, 2003.

HOLOMAN (D. Kern), *The Société des concerts du Conservatoire, 1828-1967*, Berkeley, Los Angeles, Londres, University of California Press, 2004.

MARION (Arnaud), *Pleyel, une histoire tournée vers l'avenir*, Paris, La Martinière, 2005.

Documents d'époque

ELWART (Antoine Amable Élie), *Histoire de la Société des concerts du Conservatoire impérial de musique*, avec dessins, musique, plans, portraits, notices biographiques, etc., Paris, S. Castel, 1860.

DELDEVEZ (Edme Marie Ernest), *La Société des concerts, 1860 à 1885 (Conservatoire national de musique)*, Paris, Firmin-Didot, 1887.

DELDEVEZ (Edme Marie Ernest), *Mes Mémoires*, Le Puy, Marchessou fils, 1890. *Le Passé, à propos du présent,* faisant suite à *Mes Mémoires,* Paris, Imprimerie Chaix, 1892.

DANDELOT (Arthur), *La Société des concerts du Conservatoire (1828-1923).* Avec une étude historique sur les grands concerts symphoniques avant et depuis 1828. Précédé d'une préface de Philippe Gaubert, Paris, librairie Delagrave, 1923.

MÜNCH (Charles), *Je suis chef d'orchestre,* Paris, Éditions du Conquistador, 1954.

LANDOWSKI (Marcel), *Batailles pour la musique,* Paris, Seuil, 1979.

LANDOWSKI (Marcel), *La Musique n'adoucit pas les mœurs,* Paris, Pierre Belfond, 1990.

MÜNCH (Charles), *Un chef d'orchestre dans le siècle, Correspondance* présentée par Geneviève Honegger, préface de Marcel Landowski, Strasbourg, La Nuée bleue, 1992.

BARENBOÏM (Daniel), *Une vie en musique,* traduit de l'anglais par Charles Ballarin, Paris, Pierre Belfond, 1992.

Sites Internet

Documents mis en ligne par D. Kern Holoman sur la Société des concerts du Conservatoire : programmes de 1828 à 1967, personnel de l'orchestre, textes des statuts, chronologie, documents, discographie, inventaire d'archives : http://hector.ucdavis.edu/SdC

Site de l'Orchestre de Paris (contient notamment la programmation en cours, une biographie du directeur musical, l'historique de l'Orchestre de Paris, une discographie) : www.orchestredeparis.com

Index

Les numéros de pages en italique renvoient aux légendes des illustrations

Crédits photographiques
© Adagp, Paris 2007 : 30.
AFP : 27.
Jean-Marc Angles : 64-65.
Max Armengaud : 98, 102, 103.
Marc Badran : 30.
David Baltzer : 93.
BNF : 10, 11, 12, 13, 14, 15, 17, 19, 21d, 22, 23, 24, 25, 39, 40, 41, 42, 45,
46, 47, 48, 49, 50, 66, 69, 71, 72, 73, 74, 75, 76, 77, 99, 100, 104, 105, 107,
110, 118, 120, 121, 122, 123, 124, 126, 127, 128, 129, 130, 131, 132, 133,
134, 135.
Thierry Boccon-Gibod : 109h.
M. Brissaud : 94b.
CMN/Patrick Cadet : 1re de couverture, 21g, 26, 32, 56h, 59, 60, 136, 137,
138, 140, 149, 153.
Helen Codjo : 62b, 63b.
Yannick Coupannec : 35d.
D. R. : 34.
J.-F. Gitton : 80.
Stéphane Kerrad : 109b.
Jean-Pierre Leloir : 31, 86bg, 87bg, 88.
Magnum/Jean Gaumy : 84, 89b, 91.
Magnum/Karl de Keyzer : 61.
Thierry Martinot : 86h, 89h.
Myazaki : 94-95h.
Musée Hector-Berlioz, La Côte-Saint-André : 116-117.
Gérard Neuvecelle : 28, 29g, 35g, 36-37, 53, 55, 56b, 57, 79, 81, 82h,
82mh et mb, 83, 86bd, 87h et bd, 111.
Jean-Baptiste Pellerin : 63h, 85, 96-97, 112, 113, 114, 115.
Marie-Noëlle Robert : 82b, 92.
Roger-Viollet : 106.
Roger-Viollet/Lipnitzki : 51, 101.
Ludwig Schöpp : 38, 62h.
Odette Weill : 58.
Alvaro Yanez : 108.

Directrice des éditions et de la diffusion
Dominique Seridji

Responsable des éditions
Denis Picard

Responsable adjointe des éditions
Karin Franques

Coordination éditoriale et documentaire
Anne-Sophie Grouhel-Le Tellec

Correction :
Marianne Fernel

Traduction des textes de D. Kern Holoman
Claire Mulkai

Conception graphique
Raymonde Branger

Mise en pages
Régis Dutreuil

Suivi de fabrication
Carine Merse

Photogravure
APS-Chromostyle, Tours

Impression
Mame, Tours, France

Dépôt légal : novembre 2007